ITINÉRAIRE INTIME

De A à Z

Nana Mouskouri

ITINÉRAIRE INTIME

De A à Z

COLLECTION **DOCUMENTS**

cherche midi

Direction éditoriale : Olivier Gluzman

23, rue du Cherche-Midi
75006 Paris

Avant-propos

À Jean-Claude Brialy,
Univers, Paradis

Mon très cher Jean-Claude,

J'espère que tu vas bien, et que tu es toujours entouré par tes amis dans cet univers inconnu où tu te trouves maintenant. Un univers où on dit que la paix et la justice sont apprivoisées et que l'harmonie n'a que des larmes roses, celles de la joie.

Je t'envoie un peu de mes nouvelles. Cela fait longtemps que je te vois dans mes rêves. Il faut que tu saches... j'ai arrêté de faire des tournées peu après ton départ et je m'ennuie, mais c'est la vie!

Je t'envoie ces pages que j'ai accepté d'écrire car l'exercice était très intéressant, une forme de discipline que je ne connaissais pas, contrairement à toi qui maîtrisais tant la perfection. Mais tu me connais, je suis toujours prête à apprendre de nouvelles choses.

Mais tu vois, et tu pourras le lire dans cet « itinéraire intime », je suis restée naïve, une vraie petite fille malgré mon âge. Je ne fuis pas les réalités mais, comme un enfant, je cherche toujours la vérité. Dès que je l'aperçois, pourtant, elle s'échappe et réapparaît sous une autre forme. Mais j'y reste fidèle, je la cherche encore sans relâche, tout comme l'amour et la paix.

Te souviens-tu de nos débats sur les questions de la vie ? Tu m'as toujours dit que l'on cherche toujours nos réponses dans le voyage de la vie et qu'au final on les trouve toujours seul.

Toutes les réponses, à toutes les questions... Ma première, à moi, était adressée à mon père. Je lui demandais naïvement : « Papa, c'est quoi la guerre ? » Comme tu le disais très bien dans ta pièce de théâtre, « mon père avait raison » ! Il m'avait alors répondu que « la guerre, c'était quand les êtres humains ne s'aimaient plus ». Tu sais, Jean-Claude, c'est ce qui nous arrive aujourd'hui. Tu ne vas pas aimer ça, mais c'est bien réel.

Si tu rencontres mon ami Nikos Gatsos, je suis certaine qu'il n'est pas très loin de toi, dis-lui que les temps ont bien changé. Nous sommes loin de l'époque où Bob Dylan chantait « The times they are a-changin' » (« Les temps changent »), maintenant, nous avançons mais nous courons après le feu, toujours le couteau sous la gorge. Le pouvoir n'a plus aucune gloire. Il est tellement fragile qu'il ne peut s'exprimer correctement parfois, et il n'a aucun sens tant qu'il n'apporte pas la paix.

Il y a de plus en plus de liberté, mais personne ne reconnaît la liberté de l'autre et on en abuse. La peur et la terreur dominent ce monde.

Pour conclure, pourrais-tu, cher Jean-Claude, rappeler à mon ami Nikos Gatsos qu'il m'avait écrit plusieurs chansons en 1984, dont « L'enfant au tambour » ? Fatigué des haines et des guerres chez lui, il était parti, comme un vagabond, chercher la paix ailleurs. Il a passé des nuits, des jours, des années en traversant des pentes, des montagnes, des terres et des océans. Mais la guerre était toujours aussi présente dans son univers. Jusqu'au jour où il s'est retrouvé dans un monde silencieux, où les animaux sauvages sont devenus ses amis. Mais, quelque part, au loin, résonnait toujours le glas de la guerre…

Une fois encore, cela me prouve que les réponses aux grands débats, nous les trouvons toujours dans notre passé pour continuer à tracer notre avenir.

Mes amis, vous me manquez énormément. Tous les deux.

Je prends mon mal en patience, je sais attendre sans montrer mon chagrin comme un médaillon.

Il y aura des jours meilleurs pour nous tous. Il faut y croire et le vouloir.

Votre amie,
Nana

A

Athènes, entre l'histoire et les légendes

Athènes, ville lumière, ville éternelle. Elle porte le nom de sa déesse protectrice Athéna, fille bien-aimée de Zeus, dieu suprême des Grecs, et d'Héra.

La légende raconte que, un jour, Zeus ressentit de violents maux de tête et qu'il demanda à Héphaïstos de lui fendre le crâne, à coups de hache. Il en sortit Athéna, brandissant son bouclier et sa lance, prête à secourir son père dans la guerre contre les Géants.

Athéna, que l'on représente traditionnellement accompagnée d'une chouette sur son épaule, était la déesse de la Sagesse, de la Guerre, des Sciences et des Arts.

Fille privilégiée du maître de l'Olympe, il lui avait accordé quelques pouvoirs suprêmes. Quand on la questionnait, elle adressait ses réponses au moyen d'un jeu d'osselets et de galets. Elle était capable de prolonger les jours des mortels, d'un seul signe de tête, et toute décision était irrévocable. Elle pouvait même octroyer le don de prophétie.

Un des traits les plus connus de l'histoire d'Athéna est sa rivalité avec Poséidon. Tous deux se disputaient pour donner un nom à l'Attique. Un tribunal de douze dieux, arbitré par Cécrops, avait décidé que celui qui produirait la chose la plus utile lui donnerait son nom. Poséidon, d'un coup de trident, fit jaillir de la terre un étalon noir, invincible au combat. Athéna, quant à elle, avec son égide, fit surgir un magnifique arbre, en l'occurrence un olivier, présent considéré finalement comme le plus utile.

Dans cet épisode mythologique, l'olivier est devenu le symbole de paix, de victoire et de richesse. C'est ainsi qu'Athéna, sortie vainqueur du défi, donna son nom à Athènes.

Depuis, elle protège sa ville, construite sur la richesse de son passé millénaire et de son histoire. Les traces de sa civilisation unique sont encore visibles lorsqu'on se promène dans le dédale des rues de la capitale. Athènes sait résister pour exister à jamais. Où que l'on aille, quoi que l'on fasse, on garde en mémoire le passé antique d'Athènes, et l'on vient du monde entier pour visiter ses ruines antiques.

Les colonnes blanches, comme celles du Parthénon, et l'histoire de cette capitale, parfois tragique, nous rappellent qu'on se retrouve parfois seuls au monde en temps de crise. Ce sont les haines et les trahisons qui font tomber ces colonnes et les remplacent souvent par des zones d'ombre. Mais Athènes sait, en son for intérieur, qu'elle a toujours existé, qu'elle a survécu au pire, et elle en est fière. Elle sait que, en réalité, elle est immortelle, comme sa déesse protectrice, même si elle a parfois du mal à vivre aujourd'hui. Elle souffre parce qu'elle se sent trahie cruellement. Tous les regards se tournent vers cette ville mais elle n'est plus comme avant, personne ne peut la reconnaître, personne ne le veut. Ainsi, chacun l'accuse et la condamne. J'ai connu chacun de ses visages. Ses jours de gloire, de joie et d'insouciance avec ses vérités étincelantes à la lumière du jour. Mais j'ai aussi connu les jours les plus tristes, ceux qui prêtaient aux larmes, au deuil, à l'oppression étouffante, à la privation de liberté. Athènes a toujours résisté avec courage pour garder son identité, pour nous, les habitants de cette ville, ses touristes, ses visiteurs et ses admirateurs de par le monde.

C'est ma ville et je l'aime profondément. Elle est semblable à une belle femme, aimante, capricieuse, secrète, et fière d'avoir survécu avec patience de longues années, et même des siècles, grâce à ses richesses, à son esprit, à ses philosophes, à l'amour du savoir et de la justice. Sa force de connaissance, son humilité, la conscience de ses problèmes. Elle reconnaît avec noblesse ses défaites, elle garde l'espoir car elle fait confiance à l'avenir. Elle a su garder son âme et croire en un monde juste. Elle a vu le monde se faire et se défaire. Elle continue pourtant à vivre et à espérer car le monde ne meurt pas, il évolue simplement, pas toujours dans une bonne direction pourtant parfois évidente. (On peut choisir sa direction avant de commencer à déployer ses efforts pour l'atteindre.) Athènes, Athéna sait que la chouette, son symbole, apportera l'apaisement, un jour, avec sa sagesse.

Je suis née en Crète, île mythique car, depuis toujours, elle est l'île des dieux. C'est en Crète que sont nées les légendes et la mythologie, présentes dans l'âme même des Crétois, notamment celle du Minotaure, de Dédale, du fil d'Ariane, d'Icare... Zeus y serait même né. Île sauvage et montagneuse, balayée par les vents d'Afrique, inondée de soleil et entourée par le bleu de la mer si intense, elle regorge de criques, de plages, d'orangers et d'oliviers. Ce charme particulier est sans aucun doute le fruit de la culture et du peuple crétois, simple et sincère. Le «*philotimo*» ou sens de l'honneur est très important en Grèce, mais surtout en Crète. Il s'agit d'un amour-propre, d'un sentiment de dignité et de respect profond des valeurs. La famille et les amis occupent une place centrale dans la vie sociale de tout Crétois. Je suis moi-même imprégnée de toute cette culture, j'ai d'ailleurs essayé de la respecter tout au long de ma vie personnelle aussi bien qu'artistique.

Lorsque j'avais 3 ans, mes parents sont venus s'installer à Athènes. J'ai donc grandi entourée de ces colonnes blanches, de ces monuments, j'ai été bercée par cette histoire et cette lumière au quotidien. Je dois mon identité à Athènes.

La Grèce est mon pays. Mes parents et mes amis ont fabriqué mon ADN. Ils m'ont beaucoup donné et beaucoup apporté. Mes parents m'ont donné de l'amour tout en m'inculquant de la discipline, sans oublier l'honnêteté et le respect de la vie!

Mais, avec Nikos Gatsos, j'ai appris à chercher la vérité, la justice, la paix, la dignité. Il m'a enseigné d'autres valeurs précieuses comme l'« autognosie », la connaissance (« gnosie ») au plus profond de soi-même (« auto »). Depuis que je l'ai découverte, je me force à l'appliquer et à la comprendre.

Nikos Gatsos et Manos Hadjidakis m'ont écrit plusieurs chansons qui ont forgé mon identité, celle de chanteuse grecque que je suis. Tout a commencé avec la chanson « Hartino to fengaraki ».

Athènes est ma ville

C'est à Athènes que j'ai pu chanter pour la première fois, et c'est à Athènes que tout a commencé. Souvent, ma mère me répétait que le début (« *archi* » en grec) est le commencement de tout. Dans toutes les langues que j'ai eu le bonheur d'apprendre, la lettre A correspond souvent à toutes mes valeurs.

A comme « amour », « amitié », « apprendre », « affection », « autognosie ».

Tout a donc commencé à Athènes. Mon père travaillait comme projectionniste, ma mère comme ouvreuse, dans un petit cinéma en plein air, appelé du nom de la divinité marine qui avait le pouvoir de se métamorphoser à volonté, je veux parler de Proteus (Protée).

Proteus est souvent représenté comme le « vieillard de la mer » et il est cité dans l'*Odyssée* d'Homère. Il était le gardien des troupeaux de phoques de Poséidon, lui-même dieu de la Mer et des Tremblements de terre, le cousin de Zeus. Proteus avait un autre don particulier : il pouvait émettre des prophéties, voir l'avenir. C'était donc un dieu respecté.

Le cinéma se situait dans une petite cour. Un mur le séparait des maisons voisines fleuries de jasmins et de rosiers, et leur parfum embaumait les nuits d'été étoilées alors que la lune brillait au plus haut les soirs d'été. Les spectateurs avaient accès au cinéma par une grille qui donnait sur le trottoir de la rue et, en entrant dans la cour, ils s'installaient sur des chaises en paille. Le sol était couvert de gravier sur les côtés et, au milieu, le ciment prédominait. Cela était pratique l'hiver car, tous les dimanches, le cinéma se transformait en patinoire.

Au fond de la salle, il y avait un grand écran entre deux énormes plants de marguerites. Ce cinéma était devenu ma maison, ma petite scène, ma première école. Le soir, je regardais les films avec ma sœur, de l'autre côté de l'écran et, la journée, j'imaginais que j'étais l'une des actrices du film. C'est là que j'ai commencé à rêver, en m'identifiant aux acteurs des films que je voyais. Alors, parfois, il m'arrivait de me prendre pour Humphrey Bogart, Judy Garland, Ingrid Bergman, Vivien Leigh, ou encore la grande Marlène et Stewart Granger.

Je jouais devant des chaises vides en essayant de pénétrer dans un mystère inconnu jusqu'alors et que j'avais envie de connaître. Je me laissais porter par des sensations irréelles. Je sentais une joie étrange, une sérénité inconnue. Mes jambes se cramponnaient au sol pour s'empêcher de bouger, je ne comprenais pas ce qui m'arrivait. Quand j'étais triste, je montais sur scène, je pleurais et, en redescendant, j'étais soulagée et joyeuse. Cette petite scène était mon refuge, mon espoir, mon rêve. J'avais l'impression que les chaises vides et la lune m'acceptaient. La lune m'apparaissait comme une reine aux cheveux tressés d'étoiles, qui me souriait et me réconfortait. J'étais entraînée dans un autre monde où tout n'était que légèreté, innocence et insouciance. Je planais. C'est ma mère qui me sortait de mes rêveries en criant : « Tu rêves encore, va vite te coucher ! » Pourtant, sur cette scène, je me sentais en absolue sécurité.

« *Archi* » (« début ») signifie toujours le commencement. Le début de la vie, d'un chemin que nous prenons tous, sans être conscients de sa destination, sans savoir où il nous mènera vraiment. Nous commençons par apprendre, nous suivons le chemin, qui ne s'avère pas toujours être le meilleur. Il y a des surprises aussi, sur ce chemin. Parfois, c'est nous qui forgeons notre destin, parfois, c'est lui qui nous choisit. Au bout d'un moment, on se rend compte qu'on est devenu quelqu'un sans le savoir, alors que l'on suit son instinct et rien de plus. Pour tous, il y a un début, «*archi*» pour Apprendre, avec un A majuscule. Chacun a son chemin, sa route qu'il faut suivre dans sa propre vie. Pour nous accompagner, nous disposons d'un instrument, comme une sorte de véhicule pour tracer notre route. Ce véhicule doit nous aider à trouver la destination finale de la manière la plus sûre possible, car la route n'est pas droite, elle est même parfois sinueuse. Il y a des carrefours dangereux et il faut pouvoir trouver la force de ravitailler notre véhicule, c'est tout aussi important. Il n'y a donc pas que le véhicule qui compte. Le plus important est le pourquoi du choix de cette route, j'imagine, ce besoin que nous avons de l'emprunter, comment faire et comment l'utiliser, ainsi que comment l'approvisionner. Parfois, on a ce luxe de choisir son véhicule, d'autres fois, il nous choisit, et c'est alors à nous d'apprendre à le connaître pour avancer.

Nos ancêtres grecs avaient l'habitude de personnifier ou d'humaniser le sentiment.

Par exemple, on disait que tout le monde pouvait saisir sa chance. Nos ancêtres grecs avaient l'habitude de personnifier ou d'humaniser par exemple la chance. Celle-ci fut donc conçue sous les traits d'une très belle femme, dotée d'une magnifique chevelure, marchant au milieu de la foule. Il fallait la reconnaître, l'approcher de près, l'attraper surtout de face, par les cheveux, car si on l'attrapait par-derrière, elle devenait chauve. Et la chance s'envolait.

Je crois beaucoup en elle, je l'ai rencontrée à maintes reprises. Je l'ai reconnue tant de fois que je me demande, au fond, si ce n'est pas elle qui m'a choisie. Sur son chemin, elle m'a offert des amis qui m'ont aimée et que j'ai aimés profondément, sincèrement, en les suivant pour apprendre « mon essentiel ». Amour, respect d'autrui, devoir, travail, optimisme, espoir.

Les pierres précieuses de l'indispensable

Mon ami Nikos Gatsos était un philosophe de la génération d'après-guerre. Un écrivain, un ascète qui regardait avec un œil acéré le monde, toujours avec bienveillance. Il était passionnément amoureux du « mot », il en recherchait le sens le plus profond pour mieux le goûter et l'apprécier. Dans ses textes, il projetait la vision de notre histoire et de notre nation. Il connaissait bien notre pays et l'aimait authentiquement sans pourtant l'avoir parcouru.

Il est normal que mes amitiés aient débuté en Grèce, tout autant que l'autognosie que Nikos m'a fait découvrir. C'était un poète qui me guidait et qui me parlait de sa philosophie de la génération d'après-guerre. Il en admirait aussi d'autres, sans jamais avoir voyagé. À Asea, près de Tripoli (dans le Péloponnèse en Grèce), il s'ouvrit à la littérature et se consacra seul à l'apprentissage de l'anglais, du français, de l'allemand et de l'espagnol, uniquement pour traduire poètes et écrivains comme Shakespeare, Baudelaire, Rimbaud, Schiller et Goethe. Mais surtout le théâtre de Federico García Lorca. *Noces de sang* fut une des pièces les plus appréciées. Manos avait mis en musique plusieurs textes de Nikos et j'ai eu aussi la chance de les interpréter souvent.

Mes amis sont les grands amours de ma vie, et je ne peux oublier que c'est grâce à eux que je suis devenue la chanteuse que je suis. Je suis aussi redevable à tous ceux qui m'ont accompagnée pour être cette chanteuse grecque, francophone et internationale. Je pense ne pas les avoir déçus, en étant cette interprète honnête, sincère, grâce aux mots, aux émotions, aux valeurs enseignées. Il fallait juste que j'y mette ma voix, mon cœur et mon courage.

Mes amis, que nous allons retrouver tout au long de mon parcours, de ma vie, de mon histoire, ont contribué à ce que je devienne « la Chanteuse », comme me surnomme André. André, c'est André Chapelle, l'homme de ma vie, mon fidèle producteur, le directeur artistique de tous mes disques, depuis un certain jour de l'année 1962. André ne m'a jamais trahie, il m'a beaucoup donné, et j'ai énormément appris à ses côtés. Il est devenu et est resté aussi ma sécurité. On ne peut pas parler d'amour sans y inclure les amis, et les sentiments d'admiration et d'affection qui nous ont unis.

Je crois que mon plus grand talent n'était pas ma voix, mais ce besoin d'apprendre et cette curiosité d'écouter et de deviner le sens profond de la discussion.

Nikos était mon mentor, mon gourou, mon père, mon frère, mon poète à moi. C'est « Hartino to fengaraki » qui m'a définitivement unie à lui. Il est devenu mon père spirituel. J'ai appris à l'écouter et à le lire. Il m'a offert son amitié et sa confiance avec générosité. Il m'a conduite sur le chemin de l'autognosie. Je l'ai suivi avec amour, confiance et sincérité. Cette chanson a été écrite pour la célèbre pièce de Tennessee Williams, *Un tramway nommé désir*, et c'est Melina Mercouri qui l'a chantée en premier. Nikos avait adapté la pièce et le texte de la chanson. Manos Hadjidakis avait composé la musique et c'est lui qui m'a découverte en me présentant à Nikos Gatsos.

La première fois qu'il m'a entendue chanter « Hartino to fengaraki », Nikos m'a dit :

« Tu ne comprends pas ce que tu chantes.

– Je ne comprends pas, dites-vous, mais pourquoi et comment voulez-vous que je la chante ?

– C'est toi qui dois me convaincre, je ne peux pas te dire, moi, comment tu dois t'y prendre pour me convaincre. »

C'était en 1958. Pendant un an, tous les jours, il est venu m'écouter, m'observer, toujours silencieux, au *Tjaki,* la taverne où je chantais. Il m'écoutait et, en partant, il me disait : « À demain, au café. »

On se retrouvait tous les jours au café *Floca,* situé sur l'avenue Panepistimiou. C'était notre Saint-Germain de Paris, le *Café de Flore* ou *Les Deux Magots.*

Un soir, il est arrivé avec un ami américain, jeune poète aussi, il a demandé à me voir. Allumant une cigarette tout en aspirant une bouffée, Nikos me dit :

« Je me suis trompé, je suis venu te dire qu'à partir d'aujourd'hui cette chanson t'appartient. C'est pour toi que nous l'avons écrite, elle t'attendait, et dorénavant personne ne pourra la chanter comme toi. »

Ce soir-là, il m'avait accordé sa confiance et la réalité rejoignait les paroles de la chanson.

En égrenant mes souvenirs, cette histoire m'en rappelle une autre, celle avec Bob Dylan que je vous raconterai plus tard.

B

L'envol

En 1959, tout avait à peine commencé. Je participais au premier Festival de la chanson d'Athènes et gagnais le premier prix avec « Kapou iparhi i agapi mou » (« Quelque part se trouve mon amour ») et le deuxième prix avec une autre chanson, « Asteri, asteraki » (« Étoile, petite étoile »), de Mimis Plessas et Kostas Pretenderis.

L'année suivante, en 1960 donc, je reçus un autre premier prix avec deux chansons toujours au Festival d'Athènes : une chanson de Manos Hadjidakis, « To kiparissaki » (« Le cyprès ») et « I timoria » (« La punition »), sur une musique de Hadjidakis et des paroles de Nikos Gatsos.

Pendant ce temps, au Festival de Cannes, le film *Jamais le dimanche*, de Jules Dassin, avec Melina Mercouri, remportait un immense succès. Melina reçut le prix d'interprétation féminine *ex aequo* avec Jeanne Moreau.

Ce triomphe mit un coup de projecteur sur la Grèce. La musique du film, avec notamment la chanson des « Enfants du Pirée », a non seulement commencé à être fredonnée dans les rues de Cannes, mais, en très peu de temps, elle allait être reprise dans le monde entier.

Les chansons de Manos s'exportaient. Il apportait un souffle nouveau à la musique. Il composait énormément, que ce soit pour des musiques de films, de théâtre populaire ou de théâtre classique comme le théâtre d'Épidaure. Il était sollicité de toutes parts pour composer aussi bien sur les tragédies d'Eschyle que sur les comédies d'Aristophane. Il prenait peu à peu le statut d'enfant chéri du pays. Il était admiré autant par la bourgeoisie que par le peuple. Il était très convoité par les réalisateurs de films. Mais c'est grâce à Jules Dassin et aux « Enfants du Pirée » que Manos franchit les frontières.

Nikos Gatsos, un des premiers poètes surréalistes, était son meilleur ami. Grâce à lui, il commençait à fréquenter les plus grands artistes, aussi bien les poètes, les écrivains que les acteurs. Nikos et Manos faisaient partie de cette nouvelle génération d'artistes qui regroupait Georges Seféris, grand poète du XXe siècle qui obtint le prix Nobel de littérature en 1963 ; Odhysseas Elytis, autre poète proche des surréalistes français et des peintres comme Picasso et Matisse qui ont illustré certaines de ses œuvres (ami d'Albert Camus et du poète René Char, il reçut le prix Nobel de littérature en 1979) ; Katina Paxinou et Alexis Minotis, deux remarquables comédiens ; et Yannis Ritsos, autre grand poète considéré par Aragon comme le plus grand de tous et qui, à la chute des colonels, acquit le statut de poète national. On peut citer également le cinéaste Michael Cacoyannis ou les peintres Yiannis Moralis et Yannis Tsarouchis, et tant d'autres, sans oublier, bien entendu, la grande Maria Callas.

Les chansons d'Hadjidakis ou de Gatsos traduisaient non seulement une originalité, un amour de la vie, mais aussi une philosophie de vie, un optimisme, une fraîcheur nouvelle, une curiosité pour l'inconnu. L'inattendu tout en maintenant les pieds sur terre. Il surprenait tout le monde par son style d'écriture qu'on reconnaissait immédiatement en écoutant ses chansons à la radio. On sentait bien une influence byzantine, mais il respectait notre histoire et notre identité culturelle.

Ses rythmes, il les puisait dans la tradition. Il appréciait également la musique classique et le *rébétiko*, cette musique du peuple par excellence et que moi, j'appelle « le blues du peuple des villes ». L'homme des champs, quant à lui, chante un blues plus lyrique, avec un souffle d'évasion nostalgique qui fait penser aux bergers de la plaine ou de la montagne.

Le *rébétiko* est plus pathétique et parfois tragique. Il possède un réalisme souvent violent mais inoffensif. Il traduit une acceptation du destin. Il y eut de grands compositeurs et chanteurs, mais, tout comme le public, au début, je connaissais très mal le blues de la terre.

Ensuite, petit à petit, ce genre musical devint très populaire. Après la guerre, Markos Vamvakaris ou Vassilis Tsitsanis écrivirent des chansons merveilleuses et le public adorait les chanteuses comme Marika Ninou ou Sotiria Bellou.

Vamvakaris était un compositeur, un musicien et un chanteur de *rébétiko*, il incarnait parfaitement cette forme de musique. Une musique populaire, née dans les années 1920 et dont l'origine et l'évolution font partie intégrante de la vie quotidienne, sociale et politique du peuple grec. Markos Vamvakaris, avec sa voix rocailleuse, son jeu technique, efficace et émouvant, malgré quelques faiblesses, était considéré comme l'un des plus grands *rebètès* (joueurs de *rébétiko*).

De même pour Vassilis Tsitsanis, une légende du *rébétiko*. Il nous a quittés en 1984, mais son talent et sa musique ont incontestablement marqué l'histoire de la Grèce. Excellent joueur de *bouzouki* et l'un des principaux auteurs de musique, il était respecté de tous.

Je ne peux pas dire que, au début, j'étais sensible à ce genre de musique, mais quand j'ai pénétré l'univers de mes grands amis, j'ai compris pourquoi je l'ai aimé. Je sentais la différence d'expression de la voix humaine, de notre culture, l'art d'un cri social qui résistait à son destin tout en l'acceptant, avec sa propre identité musicale. Il fallait faire un effort de compréhension essentiel pour mieux apprécier ce style de musique. Pour toute musique, il faut pouvoir s'identifier tout en restant soi-même pour obtenir une interprétation authentique.

Mon père était passionné de sport, surtout de football. D'ailleurs, il n'hésitait pas à recruter, pour son cinéma, des assistants footballeurs amateurs. À cette époque, ce sport n'était pas encore professionnel, et les jeunes, pour s'entraîner dans l'après-midi, recherchaient des petits boulots pas trop fatigants pour gagner un peu leur vie. Mon père s'arrangeait avec les guichetiers du cinéma, qui contrôlaient les billets, et qui jouaient aussi au football le dimanche. Il réussissait ainsi à avoir des billets d'entrée pour les matchs dominicaux. Et comme nous n'étions que deux sœurs, et qu'il n'avait pas de fils, c'est moi qui l'accompagnais.

C'est ainsi que les assistants et leur famille devinrent des amis, et il n'était pas rare de les avoir à dîner pour les fêtes.

Ma mère cuisinait et moi, je faisais la vaisselle. Ma sœur, qui s'occupait toujours du ménage, et très bien d'ailleurs, avait le droit de rester à table avec les adultes. Souvent, je repense à ces moments. Aujourd'hui, où nous avons à notre disposition toutes sortes de facilités pour notre quotidien, machines à laver le linge, lave-vaisselle, nous pensons que c'est la fin du monde dès qu'un de ces appareils ne nous obéit pas toujours. La panne existe. Quant à moi, j'ai toujours eu suffisamment de recul, et de sagesse, je pense, et je garde en mémoire toutes ces années où il fallait non seulement faire chauffer l'eau, mais aussi nettoyer au savon !

À la fin du repas, tous se mettaient à chanter et danser, dans une ambiance des plus joyeuses. Pendant que ma mère entonnait de vieilles ballades de Plaka ou des chansons napolitaines, puisque native de Corfou, les footballeurs l'accompagnaient en chantant et dansant sur des airs populaires de *rébétiko*, ces chansons réalistes que je ne pouvais pas trop comprendre et qui n'attiraient donc pas alors mon attention.

Il est aussi évident que plus on avance dans la vie, plus on apprend, plus on comprend et plus on apprécie. Quand on a notamment grandi dans un monde hostile, dans un monde en guerre, où les privations sont dures, probablement même plus dures pour les parents, on développe un sentiment frustrant, celui de ne pas se sentir le droit d'exister et par conséquent d'être privé de la liberté de choix. Quand on a connu la guerre et l'Occupation, sans parler de la faim, et qu'on a vécu et grandi dans la peur, dans l'oppression, on devient timide et on grandit taraudé par des sentiments de honte. On manque d'assurance et notre existence est hantée par un sentiment de culpabilité, et c'est un processus long et éprouvant que de réaliser et de comprendre qu'on a le droit et la liberté d'apprendre.

Heureusement, la vie reprend ses droits, même après la guerre. Ainsi, d'autres formes de musique ont vu le jour tout comme les musiques de film.

Ma préférence allait vers le jazz. La chanson évoluait aussi, plus joyeuse, plus légère, et elle commençait à être influencée par la musique dite du « continent ». On écoutait des succès dans toutes les langues européennes : français, anglais, allemand, italien, espagnol.

Quant à moi, qui manifestais mon attirance pour la musique populaire, il n'était pas question pour mes parents, eux qui adoraient l'opéra, de ne pas passer par le Conservatoire où je devais m'exercer au chant classique et au piano. Pas question pour une fille de se produire dans un cabaret !

Parfois, mes parents allaient à Plaka, le cœur historique d'Athènes, où il fait toujours bon flâner dans ses multiples ruelles étroites, sinueuses, accrochées au flanc de l'Acropole. Pour nous, c'était surtout la classe moyenne et bourgeoise qui fréquentait ces petits coins. Tous les touristes admirent toujours ce quartier pittoresque et se laissent charmer par l'architecture, l'atmosphère légère et sereine. À Plaka, mes parents écoutaient les chansons traditionnelles que ma mère chantait aussi en faisant le ménage ou, quand elle trouvait le temps, en brodant ou en tricotant.

Dans les pays méditerranéens, nous grandissions tous dans la tradition du chant. Manière d'exprimer ses sentiments, sa joie ou sa tristesse. Souvent, après un repas en famille ou entre amis, nous poussions la chansonnette pour manifester la nostalgie du passé, notre bonheur d'être tous ensemble.

Plus tard, à Paris, avec Louis Hazan et Odile, son épouse, quand on dînait dans un restaurant grec ou quand nous étions invités chez des amis comme Dario Moreno, on finissait la soirée, guitare à la main, en chantant des chansons grecques, espagnoles ou turques. Serge Gainsbourg, ami des Hazan, de Dario et aussi d'Eddy Marnay, mon premier parolier, se joignait à nous. Il y avait souvent des dîners qui me rappelaient ceux de mes parents. Tous ces amis ne me laissaient jamais seule. Ils m'invitaient le soir pour aller aux spectacles. J'étais également conviée par des amis du métier comme ceux de RTL, Roger Kreicher, Monique Le Marcis et leur équipe, ou bien encore Gérard Davoust, André Asséo, Louis Nucera, André Chapelle. Tous travaillaient en équipe autour de Louis Hazan et de Jacques Caillard, son collaborateur chez Phonogram-Philips, et tous m'encourageaient, avec beaucoup d'enthousiasme, à chanter, même *a cappella*. Ils me renouvelaient leur confiance en permanence et m'exprimaient l'amour qu'ils portaient à mes chansons.

En vérité, mes parents espéraient que je trouve un emploi stable, non pas évidemment dans la chanson, car ce métier, comme un certain nombre d'autres à l'époque, n'était pas professionnel mais amateur.

Mis à part le répertoire classique, il était difficile d'imaginer gagner sa vie en chantant. Faire des études classiques coûtait cher à mes parents qui n'avaient pas les moyens de m'offrir le Conservatoire, étant donné que ma sœur devait m'accompagner et que cela représentait des frais supplémentaires importants.

C'est ma sœur qui aurait dû faire carrière, c'est elle qui avait la voix pour, et je n'étais souvent que la deuxième voix. Ma sœur m'a donc cédé sa place pour aller vers d'autres horizons, se marier, fonder une famille. Elle m'a laissé sa place pour suivre une autre voie. Elle était si intuitive que, sans m'en parler, elle avait senti l'importance que la chanson et la musique revêtaient pour moi, elle savait que c'était ma vie. Elle voyait mon intérêt et l'attention que je portais à chaque fois qu'on écoutait et qu'on apprenait des chansons en anglais. Mais entrer au Conservatoire relevait d'un univers différent. Finalement, je suis donc allée au Conservatoire, où j'ai découvert l'étude des notes, le son, l'expression, la discipline, la rigueur, l'amour et le respect pour toute musique qui se résume en une seule phrase : « Il n'y a pas de bonne ou de mauvaise musique, il n'y a qu'une bonne ou qu'une mauvaise façon de la jouer. » Au-delà de la technique, j'ai commencé à comprendre pourquoi la musique existait, quel était le sens du métier de chanteur d'opéra et la manière dont je devais m'y prendre pour persévérer et y arriver dans l'avenir. En ce sens, cette expérience était très enrichissante, je traçais mon chemin.

Pour mon professeur et pour le Conservatoire, ce qui était grave, c'est que je continuais à écouter et à chanter du jazz et du rock. Grâce à mon père qui m'avait fabriqué une petite radio qui m'était devenue indispensable, j'écoutais enfin ma musique préférée, le rock d'Elvis Presley, le début de la génération rock and roll. À cette époque, je voulais tout chanter et j'écoutais tout. Je ne faisais rien sans cet appareil. Même en rentrant de l'école, pendant que je faisais mes devoirs, la radio était allumée, la musique rythmait ma vie. Le monde sans musique ne m'intéressait pas, j'étudiais au Conservatoire et ce n'était pas pour rien.

Je commençais à suivre toutes les émissions de radio ouvertes au public. Je voulais être imprégnée de ce monde musical que je pensais bien connaître à force de l'écouter. Dans une de ces émissions, il fallait découvrir le titre d'une chanson et la chanter si possible. Un jour, je me suis rendue dans les studios de l'émission, accompagnée par deux de mes camarades de classe. Nous étions dans le public et devions reconnaître le titre d'une mélodie jouée par le pianiste Mimis Plessas, célèbre joueur de jazz accompagné de son trio. En quelques secondes, j'ai reconnu le titre d'une chanson américaine, je me suis levée de mon siège et, sans même prendre conscience du public qui m'entourait, j'ai crié le nom de la chanson devant tout le monde. Les producteurs de l'émission m'ont alors demandé de venir sur le plateau pour chanter ce titre avec l'orchestre. J'ai accepté sans hésitation et me suis rendue sur scène sous les applaudissements du public. J'avais créé la surprise, j'étais très émue, et j'avoue que je ne comprenais pas où j'avais bien pu puiser ce courage de me faire remarquer, mais c'était fait. J'ai chanté et, parce qu'applaudie, j'en ressentais une joie profonde. Le fait d'avoir chanté, accompagnée par un musicien, m'avait procuré une sensation nouvelle. J'avais trouvé mon chemin. Je voulais chanter en étant accompagnée par des musiciens. C'était devenu d'une importance primordiale pour moi.

Finalement, mon professeur de chant m'a conseillé de passer une audition à la radio. Si on la remportait, on avait le droit de chanter en étant accompagné par l'orchestre de la radiophonie grecque. Deux fois, j'ai raté cette nomination. J'ai raté deux fois le concours. Outre Plessas, le jury était composé d'un autre merveilleux compositeur et pianiste, Kostas Ioannidis. Ce dernier est venu vers moi et m'a prodigué quelques précieux conseils. Il fallait que je me débarrasse de ma peur paralysante et que je change de répertoire pour aborder un répertoire plus national, donc plus grec. Il fallait que j'acquière plus d'assurance et que je fasse également confiance à mes chansons. Je me suis attelée à ce travail. J'ai choisi deux des chansons qui m'avaient été demandées, celles qui se rapprochaient le plus de ma personnalité, qui me faisaient plaisir et qui me mettaient à l'aise. En plus, elles étaient en grec. Enfin, au bout de la troisième fois, je remportai cette audition.

Le jury me reconnaissait une voix différente des autres, une voix aux accents teintés de jazz, de folklore, de rock et de classique. C'était cette voix particulière, à la texture spéciale, que Manos, en m'écoutant un jour, avait su apprécier. Lui-même avait repéré la couleur de ma voix en rentrant chez lui, un soir, alors qu'il passait devant notre maison à Pagrati. Il habitait dans le quartier voisin et m'a avoué avoir été surpris par mon timbre.

Manos, avec sa musique et son inspiration puisée un peu partout, a révolutionné notre époque. C'était un musicien né, habité par les notes, qui jouait du piano d'une manière informelle, mais si personnelle, si caractéristique qu'on la reconnaissait immédiatement. Ses compositions étaient remarquables, savoureuses, pleines d'originalité. Il avait certains caprices, mais il était intelligent et charmant. Manos aimait la vie, il la croquait à pleines dents, et cela se traduisait dans ses chansons.

Manos et Nikos, deux grands amis. Ils ont créé, sans s'en apercevoir, peut-être, l'identité de la chanson grecque moderne des années 1960, juste après la guerre.

Le film *Jamais le dimanche* de Jules Dassin a rendu célèbres Melina Mercouri et Manos Hadjidakis, et a permis au monde entier de redécouvrir mon pays, avec sa culture, son histoire, son théâtre, sa soif de liberté et son besoin de s'ancrer dans le monde moderne, trouver sa place au soleil et se tourner vers l'avenir. Grâce aussi à un musicien talentueux, Giorgos Zambetas, le *bouzouki* est devenu l'autre star du film. Plus tard, cet instrument fut connu par tous, immortalisé grâce au *sirtaki* !

Le monde entier se tournait vers la Grèce, en admirant notre pays, et, pour moi, les portes se sont ouvertes sur le monde en commençant par Barcelone.

Première étape : Barcelone

Cette ville très cosmopolite, au climat baigné par la Méditerranée, culturellement ouverte et hospitalière, avec une grande variété artistique, m'a totalement conquise. Il existe en effet une légende qui attribue une origine mythologique à Barcelone. Selon cette source, Hercule, Héraclès, aurait rejoint les Argonautes pour les aider à retrouver la Toison d'or et aurait fondé la ville. Peut-être que, inconsciemment, cette légende m'a rapprochée de cette ville.

Et moi, pour la première fois que je quittais Athènes, que je quittais la Grèce pour chanter, c'était pour Barcelone ! Seule, sans mes parents, sans ma sœur, sans mes amis et sans mon fiancé Georges, qui jouait tous les soirs avec son groupe, le trio Canzone. Nous avions d'ailleurs chanté ensemble et avions remporté le deuxième prix du premier Festival d'Athènes, avec la chanson « Asteri, asteraki ».

C'est Kostas Ioannidis qui m'a proposé de participer au festival méditerranéen avec une chanson dont il était l'auteur, « Xipna agapi mou » (« Réveille-toi, mon amour »). Il s'y rendait chaque année avec l'une de ses compositions.

Dans les règles du festival, il fallait enregistrer la chanson avec son interprète, l'envoyer et passer une audition. Si nous étions retenus, notre participation était assurée. Au moment de la sélection, j'ai songé à la responsabilité que je devais endosser et je me répétais : « Pourquoi moi, pourquoi moi ? »

En fait, c'est l'imprésario Takis Kambas, avec qui j'avais eu l'occasion de travailler trois ans auparavant, qui avait informé Ioannidis de la tenue de ce festival. J'avais alors donné un spectacle sur le porte-avions *USS Forrestal*, le 4 juillet 1957, qui avait été couronné de succès et avait mis sur mon chemin Takis. Mais celui-ci ne voulait pas entendre parler de moi. Certes, il me reconnaissait comme chanteuse, mais, pour lui, je n'avais ni la prestance d'une star ni l'allure d'une artiste. Tout en moi le dérangeait. J'étais trop ronde, je portais des lunettes et, en prime, j'étais brune... il aurait préféré que je sois blonde !

Il a finalement accepté ma présence sur l'insistance musclée de Ioannidis qui s'acharnait à dire : « C'est Nana ou personne ! »

Au fond de lui, il ne me donnait aucune chance face à des chanteuses comme Nilla Pizzi ou Catherine Sauvage. Il avait proposé une autre chanson interprétée par un excellent chanteur, Alekos Pantas, au physique avantageux. Tous les espoirs reposaient donc sur lui.

Comble de la chance, nos deux chansons avaient été retenues, nous étions aux anges !

Pour nous rendre à Barcelone, nous avions pris l'avion *via* Rome et, pour cause d'intempéries, nous avons raté notre correspondance... et nous nous sommes retrouvés bloqués à Fiumicino dans la capitale italienne.

Nous avons donc passé la nuit dans un grand et vieil hôtel pour repartir le lendemain. Ma chambre était immense, avec de grands rideaux sombres et un lit à baldaquin qui m'effrayait. Dehors, une pluie battante, et l'impression que le ciel allait nous tomber sur la tête. Le tonnerre grondait à tel point qu'on aurait dit qu'il allait nous foudroyer. J'ai voulu me rassurer, et ma première réaction fut de téléphoner à mes parents et à Georges.

Mais, en ce temps-là, les moyens téléphoniques n'avaient rien à voir avec ceux d'aujourd'hui. Pour obtenir une communication à cette époque, c'était très compliqué. Il fallait se rendre à la réception pour demander une ligne et, si le concierge n'était pas présent, cela devenait mission impossible.

Aujourd'hui, le téléphone, les taxis, les voyages en avion, c'est mon ordinaire. Quand on part loin de son domicile, de ses enfants, la communication est indispensable, d'où la dépendance à la technologie. Tout cela est devenu pratiquement mon quotidien, mais j'ignorais encore à l'époque que, de plus en plus, je devrais quitter mon pays et les êtres les plus chers à mon cœur. J'ignorais surtout que ma soif de chanter et de voir les portes de ma carrière s'ouvrir davantage m'éloignerait toujours plus de ceux que j'aime tant.

Pour en revenir à ma nuit romaine à l'hôtel, impossible de fermer l'œil. Figée dans mon fauteuil, emmitouflée dans mon manteau, j'étais prête à bondir hors de la chambre et n'approchais pas mon lit. J'avais l'impression que je me trouvais dans les Carpates et que Dracula allait surgir d'un moment à l'autre. D'un bond, je me levai et allai frapper à la porte de Takis. Je me méfiais des hommes, mais je commençais à mieux les appréhender car, depuis quelque temps, j'étais entrée dans leur monde. Entre les musiciens et les techniciens radio, la femme n'était absolument pas représentée, je me trouvais bien seule parfois. Je savais que c'était à moi de me protéger et de me défendre, comme toutes les femmes qui cherchaient leur place dans la société.

Je frappai donc à la porte de Takis. Il m'ouvrit au bout d'un moment, mais, en le voyant, je fus encore plus tétanisée. Il portait une longue chemise de nuit blanche, un bonnet de nuit assorti et tenait à la main une bougie. Immédiatement, je pensai à de Funès dans le rôle de Dracula !

Il me laissa entrer, et je vis sur la table un livre grand ouvert. « J'adore cette ambiance, me dit-il, la pluie, le tonnerre, l'orage, les éclairs, je me plonge dans les fascinantes histoires de vampires ! »

Reprenant ses esprits, il me demanda :

« Que se passe-t-il ?

– J'ai peur, je n'arrive pas à dormir, laisse-moi dormir sur le canapé.

– Te rends-tu compte de ce que tu me demandes ? Mais que vont penser Georges, ta famille, Alekos ?

– Mais, Takis, rien, nous savons, toi et moi, que rien ne se passera entre nous, tu le sais.

– Que dira-t-on en Grèce de toi ? C'est très grave ! »

Je n'aurais pas fait cela avec n'importe qui, mais j'avais confiance en lui, je ne risquais rien et je n'étais pas, en prime, son fantasme de fille ! Il a fini par avoir pitié de moi et m'a laissée dormir sur son fauteuil, après avoir pris soin d'enlever sa bougie et son livre.

Le lendemain, tous les trois, nous avons repris l'avion pour Barcelone. Au premier coup d'œil, j'ai adoré cette ville, avec ses grands boulevards bordés de chaque côté par d'immenses arbres. Cette ville pleine de vie, qui ressemble à Athènes, où les gens se promènent nonchalamment, rient, fredonnent des airs sévillans et du flamenco qui donnent envie de danser, où l'ambiance typiquement méditerranéenne me rappelle tellement mon pays natal !

Il y a une fierté et une émotion, dans cette culture si foisonnante, qui me touchent profondément. En outre, sa musique fait partie de mon univers musical, j'ai voulu la connaître pour mieux l'exprimer et l'interpréter.

Nous avons pris avec enthousiasme et crainte le chemin des répétitions, soutenus par l'orchestre et le chef d'orchestre espagnols.

Kostas Ioannidis ne nous avait pas accompagnés. Il était très sensible, timide et fragile, il ne supportait pas le stress du suspense.

Le festival se tenait dans un bel endroit, au milieu de la verdure. Beaucoup de participants italiens, français, portugais étaient accompagnés de leur manager. Tout nous paraissait immense, avec du recul, aujourd'hui, cela me paraît plus raisonnable.

Des artistes connus étaient présents, et la presse les immortalisait en publiant des photos. J'étais la cible de leur curiosité, à cause de mes lunettes, mais aussi parce que je tenais toujours mes mains dans le dos. Ils me photographiaient ainsi. En chantant, une fois de plus, je les tenais de la même manière car je ne savais pas quoi en faire, je fermais les yeux. Je me concentrais sur ma chanson et l'orchestre qui m'accompagnait, il était très important de s'entendre musicalement pour pouvoir interpréter du mieux possible !

Takis était désespéré, comme d'habitude. Décidément, mon physique ne lui convenait pas, je n'étais pas assez jolie à son goût. Mais, une fois ma prestation achevée, il commença à entendre parler de moi. Une drôle d'atmosphère planait dans les coulisses, une forme d'amitié affectueuse nous liait entre artistes. Chacun était en train de découvrir l'autre, d'autant que la Grèce commençait à attirer l'attention des curieux. Nous avions alors une grande responsabilité. Takis n'échappait pas à cette ambiance. Il était tout excité. À l'entracte, il transpirait tellement qu'il avait peur de se déshydrater complètement. Il tenait donc d'une main son mouchoir blanc pour s'éponger et de l'autre un verre d'eau pour reprendre son souffle. Il s'approcha alors de moi et me dit: «Ça plaît, ça plaît, je n'ose y croire!» Pour la première fois, la Grèce était représentée, nous devions lui faire honneur, beaucoup d'yeux étaient braqués sur nous, la responsabilité était grande.

«Sois patient, on ne peut pas toujours gagner», lui dis-je. J'avais déjà reçu, pour la seconde année consécutive, un premier prix à Athènes, c'était déjà pas mal et ce qui m'importait, c'était surtout que ma chanson plaise.

«Si la chanson plaît, c'est que j'ai bien chanté», ai-je donc répondu à Takis Kambas. Alekos était à mes côtés, d'accord avec ma réponse.

Un quart d'heure plus tard, le verdict tomba. Non seulement je remportais le premier prix avec «Xipna agapi mou», mais Alekos obtenait le deuxième. Comment décrire une telle joie, un tel bonheur?

Suite au succès de «Kapou iparhi i agapi mou», Constantin Caramanlis, le Premier ministre grec de l'époque, m'avoua que c'était sa chanson préférée. Il me prodigua quelques conseils: «N'oublie pas qu'à partir de maintenant tu auras toujours quelqu'un devant toi. Le plus important est qu'à chaque fois tu puisses te surpasser.» Je n'ai jamais oublié ces paroles. Je suis devenue comme mon père. Sa passion, c'étaient les cartes, et, qu'il gagne ou pas, il n'oubliait jamais de bien jouer, de mettre en avant son plaisir. J'ai le même sentiment: ma priorité était et est toujours le plaisir de chanter, j'ai donc appris à construire ma vie autour de la chanson.

Takis est arrivé avec du champagne et s'est effondré. L'attente et l'angoisse l'avaient momentanément terrassé. Tous les artistes, les musiciens, les chanteurs nous entouraient, tous venaient nous féliciter.

Soudainement, un homme m'a pris la main, j'étais appelée au téléphone depuis Paris. Perturbée, étonnée et surtout incrédule malgré la ferveur de la victoire, j'ai tout de même reconnu la voix de Louis Hazan.

«Nous avons écouté la retransmission à la radio, bravo, félicitations! Mais tu sais que déjà les Allemands t'attendent. Ils aiment ta voix, tes chansons et notamment celles du documentaire *Grèce, pays de rêve*, produit par le producteur allemand Wolfgang Müller-Sehn!»

Manos Hadjidakis avait écrit la musique et Nikos Gatsos, le texte. Quant à moi, je chantais cinq chansons absolument sublimes. Louis Hazan poursuivit:

«Ils vont t'inviter au Festival de Berlin, et je viendrai avec Odile pour t'encourager... Attends, attends, je te passe deux amis.»

Ce n'étaient rien moins que deux immenses artistes : Michel Legrand et Quincy Jones. Là, c'était à mon tour de m'effondrer. Leurs paroles restent encore gravées dans ma mémoire :

« Comment ? Il n'y a pas de comment, chérie, lança Michel Legrand, tu étais formidable, je t'attends à Paris, nous allons chanter ensemble ! Attends, je te passe Quincy.

– Nana, *baby*, je te retrouve à New York, je te passe Louis », me dit Quincy.

Louis Hazan renchérit alors :

« Les Allemands aiment ta voix, ils sont intéressés, ils vont t'inviter au Festival du film de Berlin et je viendrai avec Odile. Allez, je vous embrasse ! »

Interloquée, je n'arrivais plus à prononcer une seule parole. J'étais un zombie. Je me suis tue. Je me posais une série de questions : « Pourquoi moi ? Pourquoi moi ? » Et je m'imaginais dire : « Vous n'allez pas le croire, mais j'ai parlé à Michel Legrand et à Quincy Jones. » J'ai préféré me taire. Il fallait redescendre de mon nuage et atterrir. Ce soir-là, je n'ai rien dit à personne, je croyais rêver et j'attendais le réveil. Je n'ai pas fermé l'œil de la nuit.

Barcelone a été mon premier sésame pour ouvrir les portes du monde entier. La musique latine, la culture ibérique et sa langue, que j'aimais beaucoup et que j'étais arrivée à mieux connaître en fréquentant des amis artistes, m'ont permis l'accès à l'Amérique latine, notamment au Mexique. L'espagnol est une des plus belles langues, elle ressemble au grec dans le son, dans les émotions qu'elle dégage, que ce soit dans l'expression de la passion ou de la souffrance.

La soirée s'est terminée, dans la joie, en écoutant Manolo Caracol et en dansant le *zapateado*. J'avais acheté quelques petits souvenirs pour ma nièce de 4 ans et notre retour s'est passé dans le calme. J'étais très heureuse mais je ne pouvais pas pleinement en profiter, car je ne savais pas comment j'allais l'annoncer aux miens. Comment allaient-ils réagir ? Je comprenais que j'étais en train de prendre un autre chemin. Ce n'était pas celui auquel je pensais à mes débuts. Je ne m'imaginais pas qu'il me conduirait sur une route, ou plutôt sur une autoroute. J'en avais conscience, et un certain nombre de mes amis l'avaient compris aussi, mais ne l'admirent pas pour autant.

Ma réconciliation avec Berlin

Certes, Manos était très heureux de ma réussite, mais il était aussi très possessif. Il lui était insupportable que je puisse choisir un autre compositeur que lui ou une chanson qu'il n'avait pas composée. C'est lui qui devait choisir et approuver le choix d'un autre compositeur ou d'une autre chanson. J'étais sa chanteuse exclusive. Sa propriété. Il était jaloux à l'idée que d'autres le privent de sa chanteuse. Je devais lui appartenir, il avait une manière tyrannique de me le faire savoir. Il était très autoritaire et arrivait toujours à imposer sa volonté.

Au cours de cette même année 1961, Manos avait réalisé la musique d'un film documentaire produit par l'Allemand Wolfgang Müller-Sehn sous le titre *Traumland der Sehnsucht,* («La Grèce, pays de rêve»). Ce film magnifique représentait toute la beauté de la Grèce. Non seulement les images étaient exceptionnelles mais elles étaient sublimées par la musique de Manos. Il remporta l'Ours d'argent au Festival international du film de Berlin dans la catégorie «documentaire». Je chantais cinq chansons; deux d'entre elles furent choisies pour que je les interprète en allemand, dont l'une était «L'hymne d'Athènes». Et, en huit mois, «Weisse Rosen aus Athen» («Les roses blanches de Corfou») a pulvérisé le marché du disque avec plus d'un million de ventes. Nikos Gatsos avait écrit les textes et moi, j'ai eu le privilège de les chanter, comme «Mia panagia» («Une sainte Vierge») ou «Tora pou pas stin xenitia» («Maintenant que tu pars vers des terres étrangères»).

Les Allemands ont depuis le début aimé mes chansons, ils aimaient aussi la Grèce. Ils m'ont apporté beaucoup d'amour et d'amitié et sont restés fidèles jusqu'à aujourd'hui.

Hélas, Manos ne m'a jamais pardonné cet envol!

C'était pourtant lui qui était aussi à l'origine de ce succès. Il avait sélectionné les meilleurs musiciens pour l'enregistrement. On entrait dans le studio comme on pénétrait dans un lieu saint. Tous les styles se bousculaient et tous les instruments se mélangeaient. Une guitare classique côtoyait un *bouzouki*, une flûte, un *baglama* (sorte de mandoline), une trompette, une harpe, un violon, un saxophone. Et pour couronner le tout, des voix, des chœurs, des chorales. Pour ce disque spécifiquement, Manos avait souhaité la venue du chœur de l'Opéra.

Tout se déroulait pour le mieux jusqu'au moment où il a appelé le chœur pour venir enregistrer. Le chef choriste posa une question et demanda à Manos si j'allais chanter avec eux. Manos fit signe que oui et, à cet instant précis, le chef choriste lui a répondu que c'était impossible, les musiciens ayant fait le Conservatoire, alors que moi, je n'étais qu'une chanteuse populaire ! En entendant ces propos, Nikos, délicatement, est venu me chercher et a laissé Manos poursuivre la discussion. Il faut dire qu'elle n'a pas duré longtemps. Autoritaire comme il fallait l'être, il leur avait simplement lancé un ultimatum : « Nana reste et restera, et vous, si vous ne voulez pas d'elle, c'est vous qui partez. » Finalement, ils sont restés et ont très bien chanté. Parmi les chansons du film, il y avait aussi « San sfirixis tris fores » (« Comme si tu sifflais trois fois »).

L'invitation pour Berlin dont Louis Hazan m'avait parlé au téléphone, lorsque je me trouvais à Barcelone, était justement une invitation pour ce film. Je ne savais pas si Manos était au courant, mais je connaissais d'avance sa réaction et l'angoisse qu'elle suscitait en moi. Comme j'avais raison ! Un peu hésitante et mal à l'aise, je suis allée le retrouver chez *Floca*. Manos, comme d'habitude, est arrivé le dernier, entouré de sa petite cour. Il m'a félicitée aussi chaleureusement que les autres, mais j'ai bien senti qu'il n'était pas de bonne humeur.

C'est lui qui a parlé en premier de l'invitation pour Berlin : « Je sais que le film va passer au Festival du film de Berlin, je suis invité, mais je ne veux pas m'y rendre. »

« Mais pourquoi ? » s'interrogèrent alors ses amis, étonnés et surpris. Il était furieux, fumant cigarette sur cigarette. Timidement, je lui annonçai :

« Ils m'ont invitée aussi, peut-être pourrait-on y aller ensemble ?

– Comment ça, ils t'ont invitée ? Alors tu n'iras pas non plus, il n'en est pas question. Si moi, je n'y suis pas, tu n'as pas à y être. »

Son autorité aux accents tyranniques, voire hégémoniques, nous tétanisait. Il aimait décider de tout et pour tout. Il était le seigneur.

Après quatre ans de collaboration passionnante, le moment était venu de me libérer de mes entraves et malheureusement de me brouiller avec Manos.

Louis Hazan, mes parents, Georges, tous mes amis pensaient que je devais me rendre à Berlin et ne pas céder aux injonctions de Manos. Nikos, quant à lui, était triste, il essayait de lui faire entendre raison, mais n'y arrivait pas. « Ne t'inquiète pas, me dit Nikos, avec Melina et Aliki, c'est pareil, ils sont fâchés la moitié de l'année puis ils se retrouvent pour faire un film et se fâchent à nouveau. Pourquoi ? C'est une question à laquelle nous n'avons jamais su répondre. »

Je suis du signe de la Balance et donc connue pour mon indécision. J'ai mis quelques jours avant d'accepter cette invitation. Tous, sauf Manos, bien évidemment, étaient impatients de me voir à Berlin.

Manos ne m'a pas adressé la parole pendant longtemps.

En arrivant à Berlin, ma valise s'était perdue, et la première chose que j'ai dû faire, ce fut de m'acheter une brosse à dents. J'étais triste, personne de ma proche famille pour m'accompagner. Personne ne parlant grec, je me débrouillais tant bien que mal en italien et en anglais. Heureusement que Louis Hazan et Odile, sa femme, étaient là, eux-mêmes ne parlaient qu'italien. Je les connaissais à peine mais je commençais à les considérer un peu comme ma famille.

J'avais une sensation étrange. La curiosité m'envahissait, je n'avais absolument pas peur de découvrir cette ville immense complètement détruite par les bombardements. On en avait tellement parlé, notamment dans certains films, que j'ai pensé à « Lili Marleen », cette chanson écrite en 1917, remise au goût du jour et chantée par Marlene Dietrich. J'ai pensé aussi à Zarah Leander, Romy Schneider et Maximilian Schell. Et j'ai aussi pensé à bien d'autres. Ce qui m'intéressait, c'était de connaître des jeunes et de poser des questions. J'étais totalement obsédée par celles qui gravitaient autour de la guerre : « Pourquoi l'homme fait-il la guerre ? Pourquoi faisons-nous souffrir les enfants ? Quelle est la légitimité de la violence ? Est-il nécessaire de se battre ? Et pourquoi ? La paix existe-t-elle ? Et où ? »

Le mur de Berlin avait commencé à s'ériger, c'était d'une tristesse affligeante. Comme il était douloureux de voir de loin des hommes, des femmes, des enfants, faire quelques signes d'au revoir, agitant des mouchoirs blancs à la main, de l'autre côté du mur, s'imaginer la liberté !

Des familles entières étaient séparées par cet horrible mur appelé à juste titre « le mur de la honte ». Il y avait des échafaudages et certains les escaladaient pour voir ce qui se passait de l'autre côté. Cette image me rappelait douloureusement mon pays, pendant la guerre, sous occupation allemande, et encore plus douloureusement notre guerre civile.

Ces images violentes, ce mur, m'ont liée à tout jamais à cette ville. C'est à Berlin et à Hambourg que j'ai le plus chanté en Allemagne. J'avais ce secret espoir et ce rêve, que je pensais inaccessible, de voir un jour le mur tomber. Ce souhait a mis longtemps à être exaucé, il a fallu attendre novembre 1989, soit vingt-huit ans plus tard, pour que ce mur s'effondre. C'était un grand bouleversement, je vivais l'histoire en direct.

Ce qui m'attriste le plus, derrière cette émotion, c'est que tous les murs du monde ne sont pas encore, hélas ! tombés, que toutes les guerres ne sont pas terminées et que, tous les jours, de nouveaux conflits surviennent.

Il est des questions qui malheureusement restent sans réponse, et des notes noires et blanches.

Pour en revenir au Festival de Berlin, le jury a attribué le deuxième prix au documentaire *Grèce, pays de rêve*. Automatiquement, pour les Allemands, je suis devenue la voix de la nostalgie. La maison de disques et Louis Hazan en tête m'ont demandé d'enregistrer deux chansons de ce film documentaire en allemand, « Athina » et « San sfirixis tris fores ». En à peine huit mois, ces titres ont dépassé le million de ventes et pulvérisé le marché européen de l'année 1961.

Par la suite, l'Allemagne et Berlin m'ont ouvert leurs bras et leurs portes vers un chemin international. Pendant des années, le public allemand a continué à me donner amour, amitié, fidélité et liberté.

Besoin : les bases de l'amour

Nous avons tous besoin d'amour. On fait tout pour en recevoir et on a besoin d'en donner. Si le besoin est ce qui apparaît nécessaire à l'être humain, chacun a ses besoins prioritaires.

Mais avant qu'on puisse donner de l'amour, il faut d'abord apprendre à en recevoir, le plus justement possible. Pour être écouté, il faut d'abord commencer par écouter les autres.

Nous avons le besoin viscéral d'aimer, d'être protégés, d'être soutenus. Nous avons aussi besoin de liberté, de rires, de pleurs, et surtout de nous sentir utiles, c'est ce qui donne un sens à notre existence, nous permet de grandir et d'apprendre à vivre.

Le besoin n'est pas éphémère, il est durable. On ne peut pas le ranger dans sa poche et l'oublier pendant des années, tel un mouchoir. Il faut faire l'effort d'exprimer ce besoin à chaque instant de sa vie. Il ne faut, par ailleurs, jamais oublier que d'autres êtres humains ont besoin de nous.

Quand on a grandi dans un monde tourmenté, en pleine guerre, dans la pauvreté, on est irrémédiablement marqué par la souffrance. On peut s'endurcir ou au contraire se fragiliser. Il est difficile de voir un enfant éprouver de la douleur. Alors il nous faut agir.

J'ai vécu à l'époque où nous avions peu de droits et beaucoup de devoirs. J'ai appris à obéir, mais je m'évadais en me concentrant sur la musique qui était mon besoin essentiel.

J'ai eu de la chance, car ma mère chantait tout le temps avec une jolie voix nostalgique. Elle nous aimait beaucoup, elle était capable de tous les sacrifices, elle voulait être utile et aimante. Il me semble que, malgré tout, elle n'était pas très heureuse, car elle n'avait pas pu accéder dans sa vie à ce dont elle avait besoin.

Quant à moi, je le savais, mon instinct me poussait vers la chanson, j'avais besoin de chanter, pour recevoir de l'attention et partager mes émotions avec mon public. Aujourd'hui, je suis consciente de ce que j'ai reçu, c'est ce dont j'avais besoin. J'en éprouve de la gratitude. J'espère aussi avoir pu donner beaucoup d'amour, de plaisir et de sérénité à tous ceux qui m'ont écoutée et ont partagé avec moi un rêve d'espoir.

Harry Belafonte : le maître de la scène

J'ai commencé à écouter ce grand chanteur américain dans les années 1950, grâce à des succès comme « Banana boat song », « Jamaica farewell », « Island in the sun », mais aussi des chansons de gospel qui rappellent la prière des esclaves lorsqu'ils imploraient Dieu de les libérer de leurs souffrances. Ces chants sont magnifiques et émouvants.

Cet homme d'une grande beauté possédait une voix superbe. Il aimait la musique traditionnelle du Sud profond. Il aimait le jazz et le gospel, mais ses premiers succès, tirés de la musique caribéenne et des calypsos, étaient plutôt nostalgiques. Au demeurant, il préférait le blues. C'était un résistant qui luttait pour la liberté et l'égalité entre Noirs et Blancs. La majorité de ses musiciens étaient noirs, choisis avec beaucoup d'attention, indéniablement également pour leur talent et leurs capacités musicales. Harry n'était pas facile à suivre, ses chansons sur scène étaient un mélange de blues, de pop et de gospel. Elles étaient profondément liées à la souffrance des esclaves du peuple noir américain et indien et à leur oppression. À travers le chant, il exprimait à la fois le cri touchant et déchirant de l'indignation d'un peuple qui cherche sa liberté avec courage en même temps que la justice. Son spectacle reflétait néanmoins une source d'espoir et il pouvait être aussi joyeux.

Depuis toute jeune, j'ai toujours infiniment apprécié la musique noire américaine que j'écoutais avec passion, du blues au gospel de Mahalia Jackson, en passant par le jazz de Billie Holiday, Nat King Cole, Ella Fitzgerald, Sarah Vaughan, Johnny Mathis, Miles Davis et Dinah Washington.

Harry Belafonte a été un vecteur complémentaire de mon éducation musicale et scénique. Une école à lui tout seul, où discipline, sagesse, rythme et grâce se mêlaient. Il m'a fait entrer dans son univers musical et j'ai appris énormément à son contact sur sa discipline, son approche du spectacle, son exigence concernant le choix du répertoire, en admirant sa tenue de scène. Il était et reste encore aujourd'hui un grand maître pour moi. D'ailleurs, toute son équipe le considérait aussi comme tel et le respectait profondément, à la manière dont lui respectait la scène, la salle et son public, et le tout sans perdre son âme!

Sur scène, tout était parfait. Il avait un style unique. De la technique musicale à l'émotion qu'il arrivait à propager à tout le public! Il m'a enseigné le souci de la perfection, la maîtrise gestuelle et l'exigence.

J'avais reçu une invitation d'Harry, par l'intermédiaire d'Irving Green, le directeur du label Mercury à New York, et de Quincy Jones pour me rendre à New York. Sans me donner plus de détails, Harry voulait simplement me rencontrer, sans autre forme d'explication et sans aucune obligation.

À cette époque, en 1963, je venais de participer au concours de l'Eurovision sous les couleurs du Luxembourg. J'étais accablée d'avoir déçu mes amis en n'obtenant que la huitième place. J'étais triste de ma défaite mais lucide sur ma situation. J'avais pressenti que si je n'avais pas gagné, c'est que je ne le méritais pas. Louis Hazan avait été informé de cette invitation, il en avait parlé avec Irving Green et Quincy, nous en avions même discuté ensemble. J'étais seule à Paris, Georges travaillait avec ses amis à Amsterdam. Nous avions décidé que, au fond, je n'avais rien à perdre et j'ai pris l'avion de nouveau pour New York. Quincy Jones est venu me chercher à l'aéroport, il savait que j'étais inquiète; je ne devais rester que deux jours.

Le soir même, nous dînions au *Trader Vic's* du *Plaza*. Irving et Quincy m'ont accompagnée, Harry Belafonte et sa femme Julie m'attendaient. Il était immense, plus que je ne l'imaginais, mais aussi souriant que magnifique. Sa femme, Julie, belle comme le jour, était à moitié cherokee. Ce fut une soirée très agréable et Harry m'a posé beaucoup de questions. Il m'avait écoutée à Londres, le soir de l'Eurovision, il croyait que j'étais française.

Avant de m'inviter, Harry se produisait en spectacle avec Miriam Makeba, superbe chanteuse sud-africaine. Elle aussi était engagée. Elle chantait la résistance de son pays contre l'apartheid. C'était la voix de son pays, l'Afrique du Sud. Le pays de Nelson Mandela, qui se trouvait encore en prison.

Harry voulait mieux connaître ma musique, il souhaitait me présenter à des musiciens. Au cours de cette soirée, il m'a parlé de Miriam Makeba qu'il admirait beaucoup, d'Odetta, de Letta Mbulu, du Chad Mitchell Trio et d'autres artistes avec lesquels il travaillait. Il était fascinant, je l'écoutais, totalement hypnotisée, et je n'arrivais pas à comprendre ce qu'il voulait de moi, jusqu'au moment où il m'a dit: «Pourquoi ne viendriez-vous pas demain matin à mon bureau? On pourrait se parler tranquillement, je vous ferai écouter quelques chansons.» Comme toujours, j'ai répondu: «Pourquoi pas, puisque je suis venue vous voir?»

Julie, sa femme, me posait des questions essentiellement vestimentaires, du style:

«Comment vous habillez-vous sur scène?

– Normalement et simplement», ai-je répondu.

Avant de partir, elle ajouta:

«Myriam Makeba porte des robes africaines magnifiques. Quel style de robes portez-vous en Grèce?

– Comme tout le monde en Europe, et notamment à Paris », ai-je rétorqué.

Cette question vestimentaire m'a taraudée toute la nuit. Je n'arrivais pas à comprendre pour quelle raison elle m'avait posé cette question. Pour m'apaiser, je me suis dit que je le saurais dès le lendemain.

Le lendemain, une grande surprise m'a découragée et perturbée un moment, mais comme il était trop tard pour m'échapper, j'ai pris la bonne décision, je suis restée. Et cela m'a sauvée.

La surprise à laquelle je ne m'attendais pas était qu'il fallait que je me rende seule au bureau d'Harry. Quincy et Green étaient occupés. J'y suis donc allée, ce n'était pas loin, au coin de la 6e et de la 7e Avenue. D'ailleurs, beaucoup de studios de répétition se trouvaient dans ce même périmètre. En arrivant, une secrétaire me reçut poliment en me disant que M. Belafonte arriverait plus tard, retenu par des interviews, mais que, en revanche, j'étais attendue dans la salle de répétition. En franchissant la porte, je me suis retrouvée devant une vingtaine de personnes qui se présentèrent et me saluèrent chaleureusement. C'étaient des musiciens, des techniciens, des assistants. Un grand monsieur s'approcha. « Je suis le chef d'orchestre d'Harry, nous sommes impatients de vous entendre. » J'ai senti le sol se dérober sous mes pieds. J'étais pétrifiée.

« Mais comment cela ? Personne ne m'a rien dit et je suis seule !

– Ne vous inquiétez pas, nous avons tout ce qu'il faut pour que vous chantiez. Nous allons vous écouter. Nous avons même des musiciens grecs qui jouent dans un club et nous avons aussi un *bouzouki.* »

Ce n'était pas l'instrument le plus adapté à mon répertoire. Je me suis excusée auprès des musiciens grecs. « Je n'ai pas répété avec vous, je vais donc chanter sans vous », leur ai-je dit.

J'ai commencé à chanter en grec, en claquant des doigts pour battre le rythme et en faisant le tour de la salle. Ils arboraient tous un sourire qui m'encourageait. Ils ont commencé à applaudir, avec de plus en plus d'enthousiasme, et puis, à la fin de la troisième chanson, j'étais noyée sous les applaudissements.

À ce moment-là, Harry a surgi, tout le monde s'est levé. Il dit alors : « Ça se passe bien ici, à ce que je vois ! Excusez-moi pour le retard, mais chantez un peu pour moi aussi, je vous écoute. »

J'ai demandé à son guitariste s'il pouvait me jouer « Over the rainbow » et « Someone to watch over me », une chanson composée par George Gershwin.

Harry, enthousiaste, s'est levé en applaudissant et m'a prise par la main pour me conduire dans son bureau.

Assis paisiblement, il me dit : « Je prépare une tournée dans les différents campus universitaires à partir d'octobre et à travers les États-Unis. Ça vous dirait de venir avec moi remplacer Miriam Makeba ? »

Immédiatement, j'ai pensé à Julie et à ses questions vestimentaires.

Le soir, Quincy et Irving m'ont emmenée voir *Funny Girl* sur Broadway. Avec eux, j'avais découvert, la fois précédente, *West Side Story* de Leonard Bernstein ainsi que *Sweet Charity* avec Shirley MacLaine.

Je venais également d'enregistrer avec Quincy Jones mon premier disque en anglais, et, à eux deux, Quincy et Harry m'ont non seulement ouvert leur univers musical culturel, mais ils m'ont sensibilisée à la lutte contre le racisme qu'ils défendaient âprement, à celle pour l'égalité des droits civiques, aux droits de l'homme, à la recherche de la justice et de la liberté. Je venais aussi d'un pays en quête de liberté et qui se révoltait contre l'injustice. Nous avions donc des racines culturelles qui se rejoignaient. Et c'est ainsi que je suis entrée dans l'univers de l'Amérique qui cherchait son identité et sa liberté d'expression avec pour hérauts de jeunes auteurs qui contestaient la violence, l'oppression, le racisme, la politique. Ils s'appelaient Bob Dylan, Pete Seeger, Joan Baez et Leonard Cohen.

Bécaud et Brialy : entre audace et humilité

La nouvelle génération française, Gilbert Bécaud, Jacques Brel ou Charles Aznavour, poursuivait les traces d'Édith Piaf. Ils avaient, à l'instar de la chanteuse, écrit des chansons pleines d'émotion qui commençaient à s'exporter à l'international. Bien que je ne les comprenne pas toujours au début, je savais les apprécier. Chacun de ces chanteurs avait sa propre personnalité. Chacun d'eux était un interprète différent. Ils surprenaient, transmettaient leurs émotions, et on pouvait ressentir les mêmes frissons que lorsque Piaf était sur scène. C'était une nouvelle école. Je ne connaissais pas encore ce registre-là, puisque ma culture provenait du jazz, du rock, grâce à Elvis Presley, et également de la musique classique, qui avait enrichi mon univers musical pendant mes années au Conservatoire. D'ailleurs, ma première idole fut Maria Callas. Elle est toujours au sommet de mon panthéon. Je suivais attentivement cette nouvelle génération, car j'avais besoin d'élargir la palette musicale dans laquelle j'allais évoluer ; la mienne me paraissait encore trop restreinte.

C'est ainsi que j'écoutais Gilbert Bécaud, dont la musique me semblait plus moderne avec ses frémissements rock et dont j'admirais le côté *showman*. Je l'avais vu dans des films aux côtés de Caterina Valente et Peter Alexander. Ma mère me parlait souvent de Tino Rossi, de Maurice Chevalier, de Charles Trenet, d'Yvonne Printemps, de Jacqueline Boyer, de Lucienne Delyle et de Joséphine Baker, tous artistes prestigieux, mais d'une génération encore plus ancienne. En dehors de toute cette pléiade d'artistes, j'en ajoute deux autres, qui sont Line Renaud et Jean Sablon, pour sa chanson «J'attendrai» que j'ai beaucoup aimée.

C'est Bécaud qui m'a permis de passer à l'Olympia, en tête d'affiche. Il a été mon porte-bonheur. C'était en 1967. Bécaud, souffrant, ne pouvait assurer son tour de chant pendant trois semaines et, sur proposition de Bruno Coquatrix, je l'ai remplacé. Ça ne pouvait pas plus mal tomber car j'étais enceinte de mon fils Nicolas. André le savait quand il m'a téléphoné pour me dire que Bruno me cherchait, mais il savait aussi ce que représentait l'Olympia pour moi. Il n'y avait donc pas d'hésitation de mon côté. Cinq ans auparavant, toujours sur cette scène mythique, je faisais partie des artistes assurant la première partie du spectacle de Georges Brassens.

Je venais d'enregistrer à New York mon premier album en anglais avec Quincy Jones. Parmi toutes les chansons, essentiellement des standards américains, il y en avait deux, bien que françaises, chantées en anglais. La première s'intitulait « Et maintenant », de Bécaud, et la seconde, « L'hymne à l'amour », d'Édith Piaf. Quincy Jones, qui adorait la langue française, souhaitait absolument garder quelques phrases en français. Musicien invétéré, la poésie de cette langue le remplissait d'émotion et il pensait aussi apporter un certain exotisme au public américain.

Mais avant cela, je dois revenir en arrière. En rentrant de New York, Louis Hazan devait m'annoncer, en compagnie de Roland Ribet, mon imprésario, une grande nouvelle. Il fallait que je prenne une importante décision. Je ne pouvais plus me permettre des allers-retours entre Athènes et Paris, en plus des voyages à Berlin, où j'avais déjà obtenu deux disques d'or, ou à Barcelone, grâce au festival, ou encore à Londres, ça devenait trop coûteux. Il fallait fidéliser un public pour me faire connaître et pouvoir commencer à organiser des tournées. Je devais m'installer de ce fait à Paris, car j'avais une proposition intéressante : passer en première partie du spectacle de Georges Brassens à l'Olympia, au mois de novembre.

C'était l'opportunité à ne pas rater, la chance à saisir. Brassens remplissait les salles, j'allais alors pouvoir sortir de l'ombre, être enfin entendue et bénéficier du capital sympathie du public de Brassens. J'avais en réserve quelques chansons écrites, pour la plupart, par Eddy Marnay, mon premier parolier. La toute première chanson était « Un roseau dans le vent », sur une musique d'Emil Stern. Eddy appréciait mes chansons grecques, celles inspirées par mon pays, il traduisait mes chansons avec une sensibilité profonde qui lui appartenait, c'était très poétique, et j'avais donc ce qu'il me fallait.

La décision devait être prise très rapidement.

C'est le cœur lourd que je suis rentrée à Athènes. Difficile pour moi de prendre cette décision. Comment quitter mon pays, ma famille, mon mari, mes amis, pour tout recommencer sans eux ? Je devais apprendre non seulement une langue, mais aussi toute une culture. J'ai mis trois jours à en parler à Nikos. Mon ex-mari, Georges, rêvait lui aussi de franchir d'autres horizons avec son groupe. Mais eux, en revanche, n'avaient pas de projet à Paris. On les réclamait en Suisse ou aux Pays-Bas pour chanter dans des clubs. Grâce au succès de la musique du film *Jamais le dimanche*, ils étaient sollicités. Partir chacun de son côté était une douloureuse séparation.

Finalement, je me suis dit une fois de plus que je n'avais rien à perdre, mais que j'avais tout intérêt à apprendre et à enrichir mon univers musical. Il fallait que je me prépare pour l'Olympia. Le doute et la peur me submergeaient. J'étais paniquée. Je me posais beaucoup de questions : « Quelles chansons vais-je interpréter ? Comment m'habiller ? Et comment perdre quelques kilos ? » Il fallait que je sois à Paris mi-septembre.

Ce que je savais, c'était qu'on m'avait proposé de chanter à Paris et, pour y arriver et honorer mon engagement, je devais faire énormément d'efforts. Il fallait améliorer mon français notamment. J'ai donc téléphoné à Louis Hazan et je lui ai dit que j'acceptais sa proposition. Il m'a alors répondu : « Il faut que tu sois à Paris au plus tard à la mi-septembre pour te préparer. Tu auras beaucoup de choses à faire. »

Louis Hazan m'a toujours tutoyée, même si, moi, aujourd'hui encore, après tant d'années, je continue à le vouvoyer. C'est un véritable père pour moi dans ce métier du disque, il fait partie des grands.

1962 est aussi l'année où j'ai rencontré André qui allait devenir mon directeur artistique. Pendant trente-cinq ans, il a tout produit, et ce partout dans le monde. Il est devenu mon ami fidèle et, un peu plus tard, mon compagnon et mon mari bien aimé.

Les cinq années entre 1962 et 1967 ont été riches en événements. Des voyages, la découverte de nombreux pays, de belles rencontres, des musiciens, des artistes, de nouveaux amis, beaucoup de joies mais, comme dans toute vie, j'ai traversé des moments très durs, toute seule sur les routes entre les États-Unis, la France, l'Espagne, l'Allemagne, le Canada et l'Angleterre. Lors des tournées, le même rituel s'imposait : il fallait apprendre à chanter dans les différentes langues, m'introduire dans d'autres cultures, enrichir mon savoir. Énormément de choses pour une chanteuse grecque de seulement 30 ans. Une grande école de la vie qui a débuté dans un studio de la 42e à New York avec Quincy Jones comme directeur artistique et ses musiciens, Torrie Zito aux cordes et l'ingénieur du son Phil Ramone. L'équipe de rêve.

Ces années-là, et surtout en 1962, le monde découvrait la minijupe. Quelques mois plus tard, Nelson Mandela était arrêté et emprisonné pour vingt-sept ans en Afrique du Sud. Au milieu de toute cette discrimination raciale, John Fitzgerald Kennedy imposait par la force l'admission du premier étudiant noir à l'université du Mississippi, l'État le plus ségrégationniste. Mais, une année plus tard, le drame est arrivé ! JFK était assassiné au Texas. Cet événement m'avait alors profondément touchée, le questionnement des « pourquoi » a commencé à m'envahir et mon espoir a commencé à pâlir.

Pendant ces années, mon répertoire s'est élargi avec de nouvelles chansons aux styles nouveaux que je ne connaissais pas jusque-là. Ma voix, formée par le jazz, mes études classiques, la musique de Manos Hadjidakis, les textes de Nikos Gatsos, émettait un son différent. En plus de toutes ces écoles, le fait d'être originaire d'un pays bordé par la mer m'apportait aussi un timbre particulier.

La naissance de mes enfants a été l'aventure la plus importante pour moi. Ils m'ont apporté cette fragilité nécessaire, ce supplément d'âme pour me nourrir de la tendresse et de la douceur dont j'avais besoin pour exprimer l'amour que je cherchais à donner. De ce fait, ma voix a été influencée. Je m'en souviens encore, au moment de l'Olympia, en 1967, j'étais enceinte de cinq mois de Nicolas.

Mais un autre événement, bien moins heureux et beaucoup plus dramatique, avait bouleversé ma vie depuis un an. Pas seulement la mienne, mais aussi celle de tout mon peuple. Ce drame entamait ma voix par la peur et le doute. On me privait de joie et d'espoir. Mon pays était tombé dans l'une des périodes les plus sombres de son histoire, celle de la dictature des colonels. Cette dictature qui nous ramenait à la division, à la peur de la guerre civile, à l'angoisse du danger, au manque de liberté, à la honte et à l'injustice. Cette dictature, issue d'un coup d'État orchestré par la junte militaire, provoqua l'exil du roi Constantin. Toutes les formes de contestation et d'opposition furent éliminées, des personnalités politiques aux simples défenseurs des droits de l'homme furent assassinés, emprisonnés de longues années ou obligés de fuir, mais heureusement le monde entier soutenait le peuple grec avec énormément d'empathie.

Constantin Caramanlis et Melina Mercouri, eux, continuaient le combat depuis Paris, où ils s'étaient réfugiés. Nous étions tous très tristes, tous très préoccupés, notre optimisme était érodé. C'est cette période tragique qui a tué l'insouciance de notre jeunesse. Mais l'espoir de retrouver notre chemin grâce au soutien de pays comme la France et la résistance en Grèce nous ont permis de recouvrer notre liberté afin de restaurer la démocratie. La crise chypriote fut fatale pour ce régime qui aura duré sept longues années. Après ces tristes et sombres années, Constantin Caramanlis est devenu Premier ministre.

En pensant à mon pays, Eddy Marnay m'avait écrit une chanson émouvante, « Le jour où la colombe », qui fut un grand succès.

Jean-Claude Brialy : modèle de générosité, d'amour et d'amitié

Que de villes et de pays parcourus. Singapour, Hong Kong, Taipei (Taïwan), Berlin, Amsterdam, Saint-Pétersbourg, Moscou, Rio de Janeiro, New York, Montréal, Toronto, Los Angeles, Londres, Saint Domingue, Las Vegas, Athènes, Corfou, Chypre, la Crète, Le Caire, l'île Maurice, Genève, Paris, sans oublier la ville française de Monthyon. Nous y avons fêté les 40 ans de Bruno, l'ami de Jean-Claude, et mes 70 ans, que nous avons célébrés pendant trois jours pleins à Athènes, à *L'Orangerie*, le restaurant de Jean-Claude à Paris, et à Monthyon où il avait invité quelques amis à déjeuner, notamment Serge Lama que je n'avais pas vu depuis longtemps. Jean-Claude appréciait les fêtes et aimait faire des cadeaux. Il était extrêmement généreux, il aimait recevoir ses amis chez lui, tout comme moi. André, mon mari, appréciait aussi d'avoir ses amis autour de lui, à condition de préparer tout, tout seul, et qu'il ait le temps de le faire et que ce soit parfait.

La première fois que j'ai fait la connaissance de Jean-Claude, c'était à travers le cinéma et très exactement en Grèce dans le célèbre film *Christine*, où Alain Delon, Romy Schneider et Jean-Claude tournaient ensemble leur premier film. Trois grands artistes qui sont devenus trois grands amis fidèles. Pour moi, ce fut le coup de foudre. Je l'ai revu une seconde fois dans l'émission de télévision qui s'intitulait « Cinq colonnes à la une », une émission consacrée aux trois « Jean » : Jean-Paul Belmondo, Jean-Pierre Cassel et Jean-Claude Brialy. Chacun des trois avait un charme différent et chacun d'eux a fait une carrière différente. J'ai eu beaucoup de chance de les admirer puis de les connaître pour ce qu'ils étaient, pour ce qu'ils sont devenus, et tous les moments qu'ils m'ont offerts et que j'ai partagés avec un immense plaisir. Il y avait de la générosité, de l'amour et de l'espoir.

Le mariage

Jean-Claude et Manuela, une amie d'Athènes, ont été nos témoins de mariage. Pour célébrer nos anniversaires, ou pour suivre des spectacles, nous étions toujours ensemble. Le plus étonnant est que Jean-Claude et moi avions été les témoins de mariage de Serge Lama et ce jour, précisément, je me souviens du célèbre rire de Serge quand Jean-Claude, pendant le dîner, s'est adressé à André et moi en nous disant: «Et vous deux, alors? Depuis le temps que vous êtes ensemble, quand est-ce que vous allez vous marier?» Mais notre décision a été prise bien plus tard. La décision fut prise pour nous en 2002. Mon fils Nicolas devait se marier en 2003 et, depuis déjà un certain moment, André et moi commencions à nous dire qu'il fallait peut-être songer à nous aussi. Nous avions décidé que le mariage devait avoir lieu un «13», mais Jean-Claude, toujours pris entre son théâtre, les Bouffes Parisiens, et ses spectacles, son restaurant, *L'Orangerie*, ses émissions de télévision ou de radio, il fallait programmer un mois avant et un lundi, jour de relâche des théâtres, pour qu'il soit libre. Notre mariage a eu lieu le deuxième lundi de janvier 2003, qui tombait un 13, et, comme Jean-Claude l'avait décidé, il s'est passé à Genève.

Je n'ai jamais aimé voyager mais j'ai organisé les voyages. La vie, que j'ai traversée avec mes chansons, se passait aux quatre coins du monde. Depuis le début de ma carrière, je décidais de mon planning par rapport à mon travail, aux spectacles donnés, aux répétitions et à ma famille. J'habitais à plusieurs endroits à la fois. En tournée, le jour de relâche, j'essayais de m'organiser pour aller voir les enfants à Genève. André me laissait programmer les voyages, mais une fois que je connaissais son emploi du temps, c'est la manière de respecter non seulement la liberté des autres, mais en même temps la sienne. J'en faisais autant avec Jean-Claude. Je proposais un certain nombre de pays et le choix d'une ville. Ensuite, je planifiais les horaires des vols, les hôtels avec Brigitte, qui était agent de voyages et, une fois que tout était finalisé, je revenais vers Jean-Claude afin que nous puissions entériner la décision définitive. Le premier voyage que nous avons fait ensemble, c'était à Berlin. Nous étions partis la veille avec André, car je devais répondre à des interviews et faire le journal télévisé. Jean-Claude nous a rejoints le lendemain, il était au théâtre. Avec son ami Bruno et les musiciens, ils devaient prendre le même vol qui les amènerait à midi à Berlin. Jean-Claude était très populaire, beaucoup de gens lui demandaient des autographes. Toujours souriant, il parlait à tous, il taquinait les musiciens et les faisait rire. Quand ils arrivèrent tous à l'hôtel, ils formaient une joyeuse bande d'amis.

Il est arrivé avec beaucoup de cadeaux, pour nous tous, c'était exactement un 30 mars, jour de son anniversaire. Comme à l'accoutumée, il avait acheté énormément de cadeaux pour les offrir à tous ses amis à Paris. Évidemment à Bruno, mais aussi aux employés de son théâtre les Bouffes Parisiens, aux employés de son restaurant et même aux enfants de ses employés et de son valet de chambre, il n'oubliait personne. C'était un véritable père Noël, mais c'était surtout un véritable prince.

Mes musiciens, avec mon chef d'orchestre, Luciano, étaient partis vers 14 heures au théâtre, à la célèbre salle de la Philharmonie, pour régler leurs instruments. Les techniciens, comme à leur habitude, avaient commencé le matin très tôt, quant à moi, j'étais arrivée vers 16 heures pour visiter la scène, choisir l'emplacement de mon micro et je m'étais installée dans ma loge. Mon assistante se joignait aussi aux musiciens pour tout préparer et moi, je supervisais, en dernier, avec Elke, ma productrice, et André.

Au même moment, Jean-Claude et Bruno, étaient allés se promener. Jean-Claude connaissait déjà Berlin qu'il appréciait car il s'intéressait à tout, il voulait tout voir, tout visiter.

Plusieurs fois, il était venu au festival de cinéma pour présenter ses films avec sa grande amie Romy Schneider et Alain Delon, son ami le plus cher depuis le début de sa carrière. Un peu plus tard, André avait envoyé une limousine pour que Jean-Claude et Bruno assistent à mon spectacle. Jean-Claude était toujours habillé très élégamment, portant une écharpe magnifique, il était toujours souriant et impatient de découvrir le concert. Il adorait cette ambiance de spectacle. Le public l'enivrait. Il était tout heureux d'être là. Il m'a embrassée et a disparu aussitôt pour aller rejoindre son siège. Après l'entracte, au moment où j'ai présenté au public mes musiciens, j'ai annoncé la présence de Jean-Claude en précisant que c'était son anniversaire. J'ai commencé à lui chanter le fameux «Joyeux anniversaire» et, aussitôt, les 3 500 spectateurs se sont joints à moi pour entonner cet air célèbre en français, anglais ou allemand. Jean-Claude était très ému, il s'est levé et a salué, sous les applaudissements, le public, il était aussi heureux que nous tous.

C

Croire : l'existence à tout prix

Croire en soi, croire en l'homme, croire en la vie, croire en sa religion. Porter sa foi comme un étendard, mais sans en devenir ni esclave ni fanatique.

Croire aussi en la liberté, mais sans la trahir, la servir, et surtout ne pas se trahir soi-même.

Je pense avoir été fidèle à ces convictions profondes. J'ai cru en ce que je faisais, j'ai respecté mon public venu m'écouter, comme si je le prenais pour confident, et mes chansons ont délivré des messages qui m'ont révélé des choses essentielles.

Certes, j'ai commis des erreurs, personne n'est parfait, mais comme je cherchais à les reconnaître et à les admettre, elles m'ont été bénéfiques. J'ai appris à avancer et de ce fait à m'améliorer. Mes relations avec mes amis, mon rapport au travail se sont non seulement enrichis, mais ont été gratifiants. Il faut croire en ce que l'on fait. Il faut apprendre à respecter celui qui nous écoute ou qui nous lit, comme s'il était notre confident. La chanson est ainsi devenue pour moi une alliée, il y a beaucoup de choses essentielles que j'ai apprises à travers les textes des chansons, et pour cela il fallait croire en eux. Des choses que je n'aurais pas découvertes par d'autres voies que la musique dans ma vie, tout devenait instinctif, comme le choix de mon destin à découvrir la musique. L'amour avec lequel on propose une chanson laisse la liberté à celui qui l'entend de l'adopter et de s'identifier.

Dans les années 1960, la chanson traduisait nos espoirs, nos rêves. Nous cherchions la paix, l'amour, à découvrir le monde et à assouvir notre soif de liberté. Nous n'arrivions pas à croire que nous n'étions plus sous occupation. Il fallait apprendre à se défaire des carcans de l'oppression et apprécier le goût de la liberté que nous offrait cette nouvelle vie et que nous avions si longtemps espéré connaître. Aujourd'hui, cette liberté s'est banalisée, nous avons perdu jusqu'au véritable sens du mot et nous ne respectons plus ses valeurs nobles et précieuses originelles.

Pour moi, la liberté est toute simple. C'est celle de pouvoir admirer le lever du jour, avec bonheur, sans l'appréhender ; c'est la chance d'avoir la santé pour travailler, chanter et sourire ; être acceptée pour ce que l'on fait et s'exprimer en toute confiance, tout en étant consciente du respect que l'on doit à la liberté des autres, à sa vie et à son travail. Mais la liberté est différente pour chacun de nous. On n'oublie pas ceux qui souffrent ni ceux qui manquent d'éducation et qui ne peuvent pas apprendre à connaître ce sentiment. On ne parle pas de liberté comme d'un chiffon qui enlèverait la poussière...

Comme pour tout, la vie a deux portes et il faut choisir celle que l'on ouvre pour la franchir. Le plus souvent, on ouvre une porte pour y trouver sa liberté, qu'il ne faut pas utiliser sans réfléchir, mais quand on a connu la guerre, ce n'est pas évident, tout est différent. Les deux portes qui s'ouvrent à nous débouchent soit sur l'amour et la paix soit sur l'agressivité et la peur dans laquelle on a malheureusement grandi.

Moi qui ai subi la guerre, alors encore jeune, je ne rêvais que de paix, et d'amour.

J'avais des rêves simples que je gardais en moi. Je souhaitais avant tout pouvoir chanter pour exprimer mes joies, mes peines et mes espérances aussi. Je souhaitais aussi créer une famille, avoir des enfants, mais j'avais peur des disputes, comme celles que je subissais petite entre mes parents. J'ai donc décidé de me taire, de ne pas partager mes pensées et j'ai pu retrouver ma liberté de parole, plus tard, à travers et grâce à mes chansons. Je me suis sentie enfin appréciée, en sécurité, face à un public qui a su me comprendre, m'accepter, dans mon humilité, dans ma simplicité et dans mon honnêteté. Chacun a pu ou non m'adopter avec sa propre liberté et dans sa propre identité.

André, qui devenait mon guide, connaissait mon profond attachement pour la musique classique, mes études au Conservatoire, et mon traumatisme ressenti après mon renvoi. Être privée de passer les examens finaux m'avait laissé un immense complexe. Être privée de diplôme était comme être privée de liberté d'expression, pourtant, j'avais respecté cette décision, et je puisais désormais dans le fond de mon cœur les ressources nécessaires pour servir les différents univers musicaux proposés par André. Mais ce n'était pas simple. Être renvoyé est une honte pour chacun de nous. C'est comme si on était rejeté, exclu du groupe auquel on veut appartenir. C'est aussi une volonté d'interdire l'accès à l'apprentissage et à la connaissance. André n'ignorait pas la peur et la souffrance causées en moi par cette blessure et il souhaitait m'aider à vaincre mes inhibitions sur le terrain de la musique classique. Comme André appréciait et respectait également beaucoup le cinquième art, il souhaitait que j'élargisse mon répertoire vocal en retravaillant la méthode classique.

Un jour, il est arrivé avec l'idée de me faire chanter *Nabucco* de Verdi. C'était l'opéra préféré de mon père. André avait une confiance absolue en ma capacité d'interpréter des *lieder*. J'avais déjà enregistré les deux « Ave Maria », ceux de Gounod et de Schubert. Mais il savait aussi qu'il fallait que je travaille, en reprenant le chemin de la dure école classique afin que ma voix retrouve toutes ses capacités, si je voulais pouvoir interpréter et enregistrer au studio en compagnie d'un grand orchestre classique. La discipline et la rigueur dans l'exercice du classique étaient indispensables.

Il avait contacté mes fidèles amis paroliers, Pierre Delanoë, Claude Lemesle ainsi qu'Alain Goraguer, arrangeur et compositeur de merveilleuses chansons qu'il m'avait souvent écrites. Nous nous sommes ainsi retrouvés dans mon appartement à Boulogne ; Alain, assis à mon vieux piano, et Pierre, feuillet à la main, interprétaient le morceau choisi.

Pierre et Claude avaient décidé d'écrire sur la liberté avec le fameux « Va pensiero », plus connu sous le nom de « Chœur des esclaves hébreux », un véritable hymne à la liberté !

C'était en 1981. Louis Hazan, patron de Phonogram et spécialiste de musique classique, s'inquiétait énormément. C'était une première et une audacieuse tentative, une création musicale nouvelle qu'Alain allait réussir dans le monde pop, en restant fidèle à ce qu'on a appelé plus tard l'esprit « *classic and jazz* ». Ça s'apparentait à un pas (une forme ?) de « *crossroad* ».

Je venais d'enregistrer deux disques, les deux années précédentes, toujours sur une idée d'André, les *Vieilles Chansons de France*, qui rencontra une large audience, puis les *Nouvelles Chansons de la vieille France*, qui eut encore un succès surprenant. Ces deux albums étaient d'abord pour moi un retour originel à la musique classique. Par la suite, l'idée de *Nabucco* était donc une manière d'évoluer et d'avancer vers une nouvelle forme d'expression entre le classique et le populaire, en passant par la chanson traditionnelle – un pont s'était constitué. Cette musique traditionnelle était ensuite pour moi une découverte, une nouvelle expérience de cette culture riche, diverse, pleine de poésie. Elle était d'un lyrisme exceptionnel, puisée dans un monde que je ne connaissais pas et que je devais assimiler pour mieux l'interpréter, pas seulement en langue française mais aussi dans ma propre langue, et commencer à différencier les autres cultures et expressions musicales. Leur relation se faisait par la musique classique et la tradition. Elle est devenue la grande inspiration des artistes populaires des années 1960-1970 du rock and folk.

En parcourant le monde entier, je me suis toujours intéressée à toutes les traditions musicales. Dans les années 1960-1970, j'ai beaucoup appris aux États-Unis, au Canada, d'autant que je m'installais en France, en Angleterre et encore en Allemagne. J'absorbais le travail d'artistes influents, tous genres musicaux confondus, comme le jazz, le folk, la country, le blues, le gospel et, bien entendu, la musique classique. Je me souviens d'avoir chanté, accompagnée par Leonard Bernstein au piano, au cours d'une soirée de charité, alors que je n'étais pas prévue. Il m'a proposé de chanter du Gershwin, je ne l'oublierai jamais. Il m'avait demandé de l'appeler lors d'un de mes prochains passages à New York pour travailler avec lui. Je n'ai jamais eu le courage de le faire. Sentiment de honte ou d'humilité ? Je n'ai jamais pu répondre. Il n'empêche que cela fait partie de mes grands regrets.

Quelque temps après, sur un plateau de télévision, j'avais entendu la magnifique Kiri Te Kanawa parler de son expérience. Elle avait enregistré avec Leonard Bernstein. J'étais triste, mais la faute m'en incombait. Je n'aurais pas dû laisser ma timidité me dicter ce choix et prendre le dessus.

Dans cette décennie, un monde se terminait et un autre naissait. Une décennie étonnante, pleine d'inventivité et d'audace. En France, le nouveau franc est créé ; aux États-Unis, le Congrès adopte une loi sur les droits civiques des Noirs ; et, musicalement, les Beatles, en Angleterre, font leurs débuts sur scène, les adolescents deviennent hystériques. Elvis Presley popularise le rock, Bob Dylan la chanson engagée, et John Lennon, avec sa chanson « Imagine », met l'accent sur le respect de l'homme. Nous vivions un véritable bouleversement, une révolution culturelle fleurissait sous nos yeux, car, pour la première fois, la génération dite d'après-guerre introduisait de nouveaux goûts musicaux sur des textes différents. Moi-même, en traçant mon chemin de chanteuse grecque, je prends part à cette évolution, déjà initiée par Manos et Nikos, en m'inspirant dans mon travail de celui des artistes de cette génération qui était malgré tout aussi la mienne.

Quand André m'a proposé de chanter *Nabucco*, nous ne savions pas, Pierre Delanoë, Claude Lemesle et moi, que nous venions de créer un style nouveau, le « *classic pop style* » ou « *world music* », bien avant les trois ténors Placido Domingo, José Carreras et Luciano Pavarotti. Non seulement «Je chante avec toi, Liberté» a permis au public populaire d'accéder à l'opéra, mais cette chanson a eu des ramifications politiques en devenant l'emblème de Solidarność en Pologne. L'hymne des pays de l'Est. Ce fut un succès mémorable dans nombre de pays comme l'Allemagne, les Pays-Bas, la Belgique, la Hollande, le Danemark, les pays scandinaves, enregistré dans plusieurs langues, aussi bien en allemand, anglais, espagnol qu'en portugais. Je m'entourais des chanteurs nationaux les plus influents pour chanter cette chanson. Je l'ai chantée à la télé française au cours d'une émission de mon ami Thierry Le Luron, que j'ai beaucoup aimé. Je l'ai également interprétée dans une des émissions de Maritie et Gilbert Carpentier, où j'ai encore chanté, en duo, «Plaisir d'amour», avec Joan Baez.

Un phénomène exceptionnel s'est produit. «Je chante avec toi, Liberté» a fait exploser le standard téléphonique de l'émission, qui a recueilli 19 % d'audimat grâce à l'enthousiasme, je dirais même le délire des téléspectateurs, ce qui était tout à fait inédit à l'époque. Au final, un million de disques se sont écoulés. Un record absolu de ventes, avec pas moins de 69 000 albums par jour! Disque d'or puis disque de platine m'ont été remis. André et nos amis Pierre, Alain et Claude, la maison de disques, dont Louis Hazan était le PDG, et moi-même, nous étions tous heureux et fiers de notre réussite. La chanson a été traduite en cinq langues et a fait le tour du monde avec le même succès soutenu.

Canada : une autre terre d'adoption

Le Canada est devenu pour moi une patrie, comme la France et l'Angleterre, en dehors de mon pays, la Grèce, l'étaient devenues depuis le début des années 1960. À travers mes voyages, mes tournées, beaucoup de chanteurs américains ou canadiens ont influencé mon univers musical. Bob Dylan, Leonard Cohen, Joni Mitchell, Neil Young, Robert Charlebois, Jean-Pierre Ferland, Harry Belafonte, Joan Baez, Roch Voisine, Félix Leclerc, Gilles Vigneault, Anne et Kate McGarrigle et Gordon Lightfoot.

J'ai effectué de longues tournées de plusieurs mois avec Harry Belafonte. Nous nous produisions partout, dans tous les États d'Amérique du Nord ainsi qu'au Canada. C'est au cours de la première tournée, en 1965, qu'Harry m'a présentée au public, à Vancouver, au Queen Elizabeth Theatre. Nous avions traversé tout le pays en chantant jusqu'au Québec.

Ma première tournée avec Harry a débuté à l'est des États-Unis, à l'université du Vermont, et nous avons parcouru des milliers de kilomètres, chanté dans de nombreux théâtres et universités, jusqu'en Californie. Cette expérience est restée inoubliable.

Après les premiers campus autour de New York, pour roder le spectacle, nous sommes partis sur les routes. Harry, son assistant, Georges et moi, nous voyagions dans un bus avec toute l'équipe de Belafonte, c'est-à-dire ses cinq musiciens, les trois chanteurs et le *road manager*. Au milieu de la première partie, Harry introduisait ses musiciens, Sonny Terry et Brownie McGhee. Ils étaient originaires du Sud profond et interprétaient du blues de La Nouvelle-Orléans divinement. L'un, le guitariste, boitait d'une jambe, l'autre, à l'harmonica, était aveugle. Tous les soirs, je restais dans les coulisses pour les écouter et, pendant les répétitions, évidemment, j'en faisais autant pour Harry, si bien que j'ai fini par connaître son spectacle par cœur. Non seulement je connaissais ses chansons mais aussi les histoires qui les accompagnaient.

En traversant le pays, nous nous produisions dans de vieux théâtres, magnifiques, comme ceux de Broadway. Tout me rappelait les vieux films de western ; le public, extraordinaire, était enthousiaste. Harry Belafonte était si populaire que, parfois, il nous arrivait de jouer pendant une semaine dans la même ville. À Pittsburg notamment, nous avons joué devant un public de 50 000 personnes. Pour moi, c'était absolument phénoménal et totalement étonnant pour l'époque. Le grand rock n'était pas encore né. On se produisait aussi dans des casinos, comme ceux de Las Vegas ou d'Atlantic City. Plus tard, je me suis habituée à me produire seule dans ces immenses salles de sport ou dans les casinos.

Dans les salles de sport, Harry mettait la scène au milieu de la piste, les musiciens étaient placés plus bas, sur les côtés de la scène, et nous, les chanteurs, étions au centre. Il a donc fallu apprendre à s'adresser au public, en tournant doucement de chaque côté. Par la suite, il m'est arrivé de chanter sur une scène tournante. Elle se situait aussi au milieu, le public placé tout autour, comme dans un amphithéâtre. La scène tournait doucement et les musiciens se trouvaient toujours en bas. Tout était réglé à la perfection, comme du papier à musique. Puis nous nous sommes produits au Greek Theatre, à Los Angeles, immense salle en plein air de 8 000 places entourée par des arbres, dans un parc. La semaine de concerts se jouait à guichets fermés. La police était omniprésente, aux aguets, fébrile. Il faut dire que la période était difficile, l'horrible ségrégation raciale y sévissait durement. Le mouvement révolutionnaire afro-américain Black Panthers, fondé en Californie en 1966, menait des actions coup de poing. Le climat était violent et agressif. Le duo formé par une chanteuse blanche et un chanteur noir dérangeait. Heureusement qu'aucun incident n'est venu ternir cette tournée triomphale. Nous nous sommes envolés pour San Francisco après avoir fait un plateau télévisé avec Danny Kaye. Nous étions seulement accompagnés par nos deux gardes du corps qui nous suivaient partout, alors que notre équipe était partie en bus, plus paisiblement, pour profiter ainsi de leur jour de repos entre deux concerts pour voyager.

Danny Kaye était venu nous écouter, puis il nous a invités à son célèbre *Danny Kaye Show* à Los Angeles. Danny, merveilleux acteur comique, chanteur et danseur, était aussi populaire au cinéma qu'à la télé. Cœur généreux et grand voyageur, il fut le premier ambassadeur de bonne volonté pour l'Unicef et l'ami de James Grant, le créateur et directeur général de l'Unicef que j'ai eu l'occasion de rencontrer plus tard.

J'étais émue de connaître Danny Kaye. Très jeune, il était une de mes idoles. Me retrouver à chanter et jouer avec lui et Belafonte était pour moi une grande joie. Le soir, Danny nous invita à dîner chez lui, c'était un excellent cuisinier, il adorait ça. Au menu, ce soir-là, la cuisine chinoise était à l'honneur, cet aparté en pleine tournée à haut risque m'avait rafraîchie.

J'avais entrepris d'apprendre à Danny, ainsi qu'à Harry, quelques phrases en grec. Ils ont ainsi pu interpréter une chanson dans ma langue. Tous les trois, nous l'avons chantée au cours d'une seule émission.

Danny Kaye m'a longuement parlé de son engagement humanitaire au sein de l'Unicef. Il s'était engagé avec conscience, dévouement et sans compter pour la cause des enfants d'après-guerre.

Il réalisa un documentaire (*Mission : les enfants*). On le voyait en tournée pour une série de projets dans les pays asiatiques. Cent millions de téléspectateurs l'ont suivi et cela assura une notoriété à l'Unicef, grâce à lui.

J'avais été contactée aux Pays-Bas pour participer au premier album *All Stars Festival* avec nombre d'artistes comme Édith Piaf, Frank Sinatra, Nat King Cole, Louis Armstrong. J'étais la dernière recrue. Les fonds récoltés serviraient à aider les enfants et les réfugiés qui s'entassaient dans des camps de fortune. J'avais chanté notamment « Ximeroni » (« Le jour se lève »), un texte très optimiste, plein d'espoir, et nous sommes allés en Grèce dans les bidonvilles où la misère et la détresse nous poignardaient.

Les Canadiens m'ont réservé un accueil aussi chaleureux que les Américains pendant notre semaine de concerts. Ce pays attachant est devenu, au fil du temps, un autre pays d'adoption. Cet attachement, je le dois aux nombreux artistes canadiens qui m'ont inspirée avec leur musique, mais surtout au promoteur Sam Gesser. Il représentait plusieurs artistes canadiens et organisait des échanges culturels avec les États-Unis et d'autres pays. Sam Gesser aimait beaucoup les artistes comme Pete Seeger, Leonard Cohen et Joni Mitchell, ou les auteurs plus traditionnels. Il est devenu un véritable ami et m'a conduite non seulement à travers le Canada mais aussi aux États-Unis. Il m'a beaucoup conseillée et est devenu mon imprésario pendant plus de trente ans. Il est tombé sous le charme de mon identité grecque et de mes chansons qui apportaient originalité et fraîcheur.

Le Canada raffole du spectacle. L'art, sous toutes ses formes, occupe une grande place, grâce à sa diversité culturelle qu'il exporte de plus en plus. Sam

Gesser était anglophone de Montréal, mais il parlait aussi le français et connaissait tous les artistes. Fier de son pays, il appréciait autant la musique traditionnelle canadienne que la musique plus moderne. Il faisait tout pour la diffuser un maximum aux États-Unis. Il travaillait avec Harold Leventhal, manager américain très connu de Pete Seeger, Peter, Paul and Mary, et Arlo Guthrie, Bob Dylan à ses débuts ainsi que de Joan Baez. C'était la période du folk rock. Pour le répertoire classique, il m'avait présenté Sol Hurok. C'était le plus grand imprésario du monde et il travaillait avec les artistes classiques les plus réputés comme Maria Callas, Victoria de los Angeles, Marilyn Horne et la merveilleuse contralto Maureen Forrester.

Après mon passage avec Harry Belafonte, Sam m'avait tout de suite proposé de revenir seule avec mes musiciens pour donner des concerts.

C'est comme ça que j'ai commencé à Montréal avec mes musiciens, les « Athéniens », et que nous avons continué aussi bien dans les grandes villes du Québec que dans les plus petites. Nous nous sommes produits jusqu'au fin fond du Canada. Dans toutes les provinces anglophones, nous avons découvert de nouveaux théâtres, tous modernes, dotés d'une très bonne acoustique, bien équipés, d'un bout à l'autre du Canada, du Québec jusqu'à la Colombie-Britannique, en passant par l'île Victoria.

Nous avons découvert un public extraordinairement fidèle, qui aimait le spectacle et la musique, et qui m'avait particulièrement appréciée. C'est après un de mes concerts à Montréal que Sam m'a présentée à Leonard Cohen qui était venu m'écouter. Sam connaissait bien mes inquiétudes et mes doutes, et ne m'avait rien dit sur sa présence. Mais, à la fin du concert, Leonard Cohen est venu me saluer dans ma loge et nous sommes allés chez lui pour écouter ses dernières compositions. Je l'admirais déjà et j'aimais son travail. Ce jour-là, une estime mutuelle est née et nous sommes depuis devenus amis.

Voici un mot que mon ami Leonard Cohen m'a écrit et que je garde précieusement :

> « Chère Nana,
>
> Il y a vingt ans, dans ce monde étrange, tu as élevé ta voix en chansons. En ce temps, je t'ai écoutée, je t'écoute maintenant et je t'écouterai encore et toujours. Nous t'écoutons tous. Continue à être ce que tu as toujours été, forte, claire, simple et vraie.
>
> Leonard Cohen. »

Le Canada, c'est aussi Sam Gesser

Mon agent canadien, le meilleur imprésario en Amérique du Nord, qui nous a quittés en 2008, est sans conteste l'un des plus brillants de sa génération. Il a produit plus de trois mille spectacles au Canada et a été mon agent de tournée de 1967 à 1992. Je comptais beaucoup pour lui, il était fier de m'avoir présentée au public canadien et il me le disait souvent. Sam Gesser a beaucoup œuvré à l'histoire de la Place des Arts au Canada. C'est un grand complexe culturel et artistique qui est situé au centre-ville de Montréal, au Québec. C'est même la plus grande salle polyvalente du pays, le panthéon des auteurs et compositeurs canadiens, un lieu de rencontre des grands festivals. Sam y était attaché, il voulait tout faire pour faire vivre cet endroit.

En 1980, il a célébré son anniversaire en organisant un grand événement et nous a tous réunis sur une scène pour amasser des fonds pour la Place des Arts : Harry Belafonte, Pete Seeger, Monique Leyrac, Maureen Forester et moi-même étions présents pour le soutenir.

Chanson : une histoire d'amour pas comme les autres

Chanteuse et maman sont deux rôles que je rêvais d'exercer en harmonie. Puisque chanteuse est devenu pour moi un métier, j'ai voulu également être une mère se rapprochant de la perfection. Être mère et parcourir les scènes du monde entier, surtout quand on devient une vedette internationale, n'est pas chose facile. Être une mère qui travaille, c'est aussi difficile pour les enfants que pour la mère. Ma mère elle-même nous laissait seules, ma sœur et moi. Elle travaillait au cinéma, près de notre domicile, mais, à cette époque, les femmes actives avaient toujours la possibilité de laisser leurs enfants à une grand-mère, une sœur, une tante ou une amie voisine. Mais moi, je travaillais à l'étranger, mon mari aussi était éloigné, jusqu'à ce que nous trouvions enfin la solution ! Nous avons eu beaucoup de chance de rencontrer la perle rare, une nurse unique, une perle rare, qui s'est sentie investie d'une belle mission, celle de s'occuper de mon petit Nicolas, et plus tard de ma petite Hélène aussi.

Si les chansons pouvaient dessiner, nous découvririons un chemin aux couleurs de l'arc-en-ciel, parsemé de cailloux en forme de notes noires et blanches. La rosée du matin, le vent, la brise et la pluie, tout en les caressant, se transformeraient en musique, en émotion, en des sons doux chantés entre les ombres légères, comme dans un beau rêve.

La chanson est ma première amie d'enfance et ma plus fidèle compagne. C'est elle aussi qui m'a choisie, elle m'a guidée sur un chemin que je devais choisir et, pour mieux la servir, je suis devenue chanteuse dans ce grand temple. Bien entendu, pour le devenir, il fallait avoir du cœur et s'adapter à la culture, qui doit être appréciée et qui doit être respectée, ces valeurs avec lesquelles je me suis forgé mon identité de chanteuse.

Je me souviens que, à mes débuts, un journaliste français, lors d'une première interview, m'avait dit : « Il paraît que vous avez une très belle voix et que vous chantez très bien. » Et alors ? J'ai répondu que l'essentiel pour une chanteuse est tout de même de bien chanter et de chanter juste. J'ai toujours considéré que je devais à chaque fois tout recommencer, que rien n'était acquis et si je voulais me faire entendre dans un autre pays, avec une culture différente, il m'appartenait, à moi, de faire l'effort de la connaître pour mieux faire vivre mes chansons.

C'est ainsi que mon identité a été confirmée comme chanteuse grecque, en présentant aussi ce que j'avais de différent par rapport aux autres. Je pense à la simplicité, à l'humilité, à l'instinct et bien entendu à l'amour.

Une chanson se compose avec une mélodie, créée par des notes de musique noires et blanches s'étalant avec grâce sur une partition, et des paroles se balançant en harmonie, comme un couple d'amoureux. Mais pour entendre cette chanson, il faut que son interprète ait un cœur qui vibre et ce cœur n'est autre que la voix.

En fait, ce sont les cordes vocales qui vibrent en fonction des palpitations que le cœur crée. Les chanteurs et chanteuses doivent, pour mieux servir la musique, croire à ce qu'ils font. Une chanson revêt de multiples formes selon l'émotion que dégagera l'interprète. Chaque être humain a une émotion et des sentiments différents et personnels, ainsi, une même chanson peut s'écouter différemment lorsque son interprète change.

J'ai découvert les chansons au cinéma, à la radio, mais aussi à la maison parce que nous chantions beaucoup chez nous. Chanter était pour moi un besoin aussi vital que respirer. La musique m'apaisait, me donnait espoir et m'apportait un sentiment de sécurité. Je ne sais pas ce que je serais devenue s'il n'y avait pas la musique.

Tous les sentiments se valent, les notes sont toujours là pour traduire mes émotions et exprimer mes sentiments.

Les chansons des films, celles que ma mère chantait, les chants religieux, les hymnes traditionnels ou les chansons pastorales sont devenus ma première culture. Étant originaire de Corfou, cette île où tout le monde chante aussi bien en grec qu'en italien, ma mère m'a appris de vieilles chansons napolitaines et corfiotes. Elle m'a initiée au chant et, quant à mon père, grâce à lui j'ai pu découvrir le cinéma. Depuis que j'avais 3 ans, mes parents, ma sœur et moi, habitions tous les quatre dans deux chambres. Une petite cuisine trônait au milieu d'une petite cour qui se trouvait derrière le grand écran du cinéma d'été. C'est dans cet endroit que mon père travaillait comme projectionniste. Nous abritions aussi une petite chienne et un petit poulailler. Une grille nous séparait de la cour de nos voisins, c'était un couple adorable, sans enfants, et il nous aimait beaucoup. Un jour, ces charmants voisins nous ont offert un couple de colombes. Elles se sont reproduites si vite que mon père a été dans l'obligation d'agrandir leur petite cage.

C'est grâce à la chanson du film *Jamais le dimanche* de Jules Dassin, avec Melina Mercouri, que j'interprétais, que Louis Hazan m'a repérée. Il était venu me chercher à Athènes, le deuxième jour du Festival de la chanson, alors que le pays jouissait d'une image exceptionnelle après ce film. Plus tard, j'ai interprété la chanson du film *Les Parapluies de Cherbourg,* sur une musique de Michel. Être accompagnée par ce grand musicien qu'est Michel Legrand était un honneur et une école pour moi. C'est devenu ma première chanson populaire en France. Avant « L'enfant au tambour », « Adieu Angélina » ou encore « Tous les arbres sont en fleur ». Le Festival de Cannes me fait penser aux soirées en bord de mer avec Michel Legrand, Raymond Moretti, Louis Nucerat, Gérard Davoust, André Asseo, Georges Rover, un célèbre attaché de presse de l'époque, et bien d'autres. J'écoutais mes amis parler de peinture, de cinéma, de livres, comme mes amis de Grèce le faisaient. Mais c'était une nouvelle culture.

Plus que ma vie de femme, la chanson est devenue ma priorité. J'ai toujours eu ce besoin de m'exprimer, mais pas une seule seconde je n'ai imaginé que je pouvais gagner ma vie avec la chanson. Mes parents ne m'ont jamais caché que je devais travailler. Ils pensaient qu'en entrant au Conservatoire, j'avais une chance de rentrer dans le chœur de l'Opéra. Ils ne pouvaient imaginer rien d'autre que le fait que je devienne soliste. Et quand j'ai été recalée lors de l'examen final au Conservatoire, après six ans d'études, ils croyaient avoir tout perdu.

Pour une jeune fille, le travail n'était pas facile à trouver. Avoir achevé mon cursus lycéen n'était pas suffisant, je n'avais aucune formation spécifique. Je parlais un peu anglais et peu français, et seul le chant pouvait m'ouvrir un horizon professionnel et pouvait me permettre de gagner un peu d'argent pour aider mes parents.

Quand j'ai réussi une audition à la radio, j'ai été invitée une ou deux fois à chanter avec l'orchestre de la radio. En Grèce, à cette époque, il y avait encore des bases américaines. Tous les samedis soirs, dans des clubs d'officiers, mes amis musiciens formaient un groupe pour aller y jouer. Ils avaient envie d'avoir parfois un chanteur avec eux et, souvent, ils m'invitaient à chanter, juste pour le plaisir, et moi, je ressentais une joie énorme car, en fait, j'expérimentais une formation différente du classique, mais il fallait en passer par là pour l'apprécier.

Au début, je n'étais pas payée mais je leur étais reconnaissante car ma vraie récompense était celle de chanter tout le répertoire que je connaissais. J'accumulais, en plus de ma formation classique, une expérience dans la variété qui, plus tard, m'a beaucoup servi. J'étais aussi reconnaissante de leur invitation parce que, en même temps, je découvrais les deux nouveaux emblèmes américains : hamburger et Coca-Cola.

Le dimanche matin, on se retrouvait tous au cinéma Rex, avec d'autres jeunes musiciens, pour participer à des tours de chant destinés au jeune public. C'est au cours d'une de ces matinées musicales que j'ai fait la connaissance de mon futur mari, Georges, guitariste et surtout chanteur. Avec deux autres de ses amis, ils formaient le trio Canzone. Nous sommes devenus amis grâce à ce lien fort qu'est la musique. Non seulement il chantait de la musique latine très populaire, car festive et dansante, mais il chantait aussi du folklore grec. Cela correspondait aux débuts de l'influence du Nouveau Monde, dans toutes ses expressions artistiques, qui faisait son apparition en Grèce.

Mes parents commençaient à évoluer, bien décidés à me laisser chanter, y compris dans les clubs, parce que je gagnais ma vie et que je pouvais les aider. Une relation de confiance se tissait. Ils savaient que j'étais une fille sérieuse et que ma seule passion était la chanson, et ils commençaient à voir les choses autrement. C'était le temps où la musique et le disque ont commencé à évoluer pour sortir du domaine amateur et devenir professionnel. Un vrai métier. Les premiers 45 tours sont arrivés en Grèce et, de là, la concurrence a commencé.

Pour moi, c'était surtout cette immense joie de chanter, de m'exprimer, d'être écoutée avec le secret espoir d'être appréciée. J'ai eu aussi ce désir d'entendre les autres par respect et surtout pour continuer à apprendre, et je continue encore aujourd'hui. Je n'ai pas perdu mon âme, même si j'ai réussi au-delà de mes espérances, bien au contraire, la responsabilité est toujours aussi prégnante en moi.

La chanson, la musique, ma famille, mes enfants et mon éducation sont le socle intangible de ma culture.

Si c'était à refaire, je n'hésiterais pas, je choisirais le même chemin.

Callas, la Divine

Les années passant, j'avais mes propres idoles. Maria Callas était en train de devenir la première diva de l'époque. Cette cantatrice, Maria Kalogheropoulos de son vrai nom, est née aux États-Unis et, dès l'âge de 8 ans, son timbre de voix exceptionnel a été remarqué. À 22 ans, en quittant l'Amérique, elle adopta son pseudonyme de la Callas et a conquis le monde. J'étais tellement fière d'elle, j'avais une grande admiration pour tout ce qu'elle entreprenait. Une discipline de fer, un respect intégral de son travail, le besoin de découvrir tous les secrets de l'univers et l'intelligence de son art. Ses interprétations restent uniques. Elle a révolutionné l'opéra en y introduisant une présence scénique, tout en transposant les techniques de jeu du théâtre ou du cinéma au sein l'opéra. Chaque personnage qu'elle interprétait portait ses joies, ses peines, ses espoirs, elle incarnait tout cela à la fois. Elle a pris des risques quant aux choix de son répertoire et a réussi merveilleusement grâce à un courage et à une volonté sans pareil. Maria Callas était aussi grecque, elle restera à jamais ma Déesse.

Son chant, sa musique étaient toute sa vie. Je pense que nous avions beaucoup en commun, et, comme Maria, quand je chante, je sens que je suis vraiment aimée.

J'ai eu la chance de la connaître à une époque où je chantais à *Astir Palace* à Vouliagmeni. Elle venait avec Aristote Onassis, le soir, dîner, et souvent me demandait de lui chanter la « Violettera » et de vieilles cantates de Plaka apprises par ma mère quand j'étais petite.

Un soir, Maria m'a appelée à sa table et m'a posé des questions sur la chanson, sur ma famille, mes études. Je lui racontais l'histoire du Conservatoire, elle a dû s'apercevoir qu'une ombre triste passait sur mon visage, elle m'a souri en me caressant la joue et en me disant : « Tu sais, le plus important, c'est de faire ce que tu aimes le plus. Il vaut mieux être une très bonne chanteuse populaire qu'une mauvaise cantatrice. Il n'y a pas place au racisme dans la musique. »

Depuis ce jour où la grande Maria m'a réconfortée avec ses paroles pleines de bon sens, ma devise est toujours la même : « Ce n'est pas le métier qu'on exerce dans la vie qui compte, c'est le pourquoi et comment on le fait. »

Pour moi, je l'ai toujours fait par amour.

Au cours d'une exposition sur Maria Callas en 1998, à Paris, qui se tenait salle Saint-Jean de l'Hôtel de Ville, et s'intitulait « Maria Callas, une femme, une voix, un mythe », j'ai découvert ce manuscrit en italien. Il est très précieux à mes yeux et on peut lire ces phrases admirables dont je vous livre la traduction en français :

« Où cesse la parole, commence la musique, a dit l'admirable Hoffman. Et vraiment la musique est une chose trop grande pour pouvoir en parler mais, en revanche, on peut toujours la servir et toujours la respecter avec Humilité ; chanter pour moi n'est pas un acte d'Orgueil mais seulement une tentative d'élévation vers ces cieux où tout est harmonie. »

D

« Il faut choisir : se reposer ou être libre » (Thucydide)

Il me semble que nous naissons tous avec un destin. Nous ne pouvons néanmoins nous épargner une certaine responsabilité. La vie est certes un chemin semé d'embûches, mais aussi parsemé de beaux moments, fait de rencontres déterminantes qui influent sur notre parcours. Des rencontres qui pourront nous aider à choisir la manière de traverser au mieux ce parcours pour arriver jusqu'à la destination finale le mieux possible. L'arrivée n'est pas le plus important. Ce qui compte, c'est le voyage et ce que l'on reçoit au cours de ce parcours. Recevoir la douleur sans se laisser détruire, trouver l'espoir pour s'en sortir, recevoir la joie avec gratitude en n'oubliant pas que rien n'est éternel et savoir tout apprécier à juste titre.

Une des différences entre tragédie et drame est la présence ou non du destin. C'est dire son importance. Dans notre mythologie, le destin est une divinité aveugle issue de la nuit et du chaos. Rien ne pouvait altérer ce qu'il avait décidé. En somme, le destin était lui-même cette fatalité où tout pouvait arriver dans le monde. Même Zeus, le Dieu des dieux ne pouvait faire plier le destin pour protéger un dieu ou un homme. En Grèce, la religion officielle est l'orthodoxie. Comme dans la plupart des religions monothéistes, l'orthodoxie tient compte du destin.

Le mien m'a souvent étonnée.

À Sidney, au cours d'une interview, à la question d'un journaliste qui me demandait si j'étais heureuse, je répondis que « le bonheur est tout proche de la tristesse ». L'un ne peut être apprécié sans avoir connu l'autre et, de toute façon, les deux sentiments connaissent une même fin car « rien n'est éternel » !

L'interview est parue le lendemain. Deux jours plus tard, le promoteur est venu dans ma loge de l'Opéra de Sydney. Il était accompagné d'un écrivain australien très célèbre dans le pays, Franck Hardy. Tenant une pipe à la main, il se présenta alors à moi en me disant : « Je voulais vous rencontrer, madame, pour vous poser une question. De quel droit vous êtes-vous exprimée ainsi dans le journal ? », avant de poursuivre : « Que savez-vous de la tristesse, vous, enfant gâtée, admirée du monde entier, comment affirmer de telles choses ? » J'allais entrer en scène et lui donnai rendez-vous après mon concert pour lui répondre. Il était accompagné, pourtant, je l'ai attendu en vain.

Pendant mes trois semaines de tournée, il m'a téléphoné tous les jours, dans chaque ville où je me trouvais, Melbourne, Perth, Adélaïde, et même en Nouvelle-Zélande, et il a continué bien après. Ne connaissant pas ses livres, je m'y suis intéressée, et j'ai commencé par lire le plus connu, *The Power Without Glory*. À travers ses textes, j'ai compris le sens de sa question. Il était en quête de justice.

Notre amitié, pratiquement et exclusivement téléphonique, a été des plus enrichissantes. Parfois, il m'appelait en PCV d'une cabine téléphonique de New York ou de Londres pour me lire ses écrits, d'autres fois, il me récitait ses paroles de chanson. Nous avions échangé, pendant ces années, des idées sur la justice, sur la vie, sur les sentiments et sur les valeurs humaines. C'était un homme merveilleux, il m'a beaucoup appris de la vie, de ses bonheurs, de ses tristesses et ses fragilités. Son amitié était comparable à celle de Nikos. Sauf que, un jour, il a disparu.

Grandir dans la guerre et l'Occupation, sous les armes et les bombardements, dans la peur et l'incertitude, nous donnait le choix entre deux chemins ; soit continuer à perpétuer cette violence que nous subissions depuis notre plus jeune âge, soit le rejet de celle-ci et la quête perpétuelle de la paix et de l'harmonie. J'ai fait le bon choix et je ne le regrette pas puisque j'ai choisi le deuxième chemin. J'ai constamment recherché où se cachait l'amour et si on pouvait trouver un endroit sur terre où la paix régnerait. Heureusement, j'ai pu découvrir que l'amour et la paix existent mais, en même temps, je sais qu'il y a toujours une guerre quelque part qui vient entacher le royaume de la paix et créer des catastrophes. Je pense que la justice est plus que nécessaire comme gardienne de la paix, elle est indispensable.

Dans mon pays, il faut dire que, peu après l'horreur, les drames et les deuils qu'a entraînés l'Occupation, il y a eu la guerre civile qui a laissé la Grèce en piteux état. Premier exemple d'une insurrection communiste après la Seconde Guerre mondiale, elle a causé des centaines de milliers de morts, le déchirement de nombreuses familles par le conflit, et des enfants en payèrent le prix fort. Cette guerre m'a plus marquée que l'Occupation. Peut-être parce que j'étais plus âgée, probablement aussi parce que, pendant la guerre et l'Occupation, nous nous protégions les uns les autres de l'ennemi, nous disions nos prières ensemble, pendant les bombardements, pour apaiser nos cœurs. La guerre civile est une guerre fratricide, des sœurs, des frères, des parents, des enfants sont divisés. Ils peuvent s'entre-tuer pour des idées politiques mais c'est toujours l'ambition du pouvoir qui prédomine.

Après trois ans de guerre civile, dans un pays exsangue et traumatisé, la vie tente de reprendre son cours. Nous revivions et nous recommencions tous et tout à zéro. Il fallait se reconstruire, il fallait de nouveau s'apprivoiser, il fallait de nouveau faire confiance, de nouveau, à l'école ou au travail, apprendre à partager et à s'aimer.

Ma priorité était d'être bonne élève. Bien que n'étant pas une élève brillante, j'ai eu la chance de terminer ma scolarité et d'entrer ainsi au Conservatoire. À cette époque, seules des études de musique classique étaient respectables. Mes parents avaient besoin que je travaille pour les aider mais, si j'avais la vocation d'être chanteuse, il fallait au moins que je puisse être choisie pour être dans le cœur de l'Opéra. Je ne devais surtout pas être chanteuse dans les « clubs d'Athènes », cabarets où l'on chantait avec un orchestre dans une ambiance festive. Ça m'était interdit par mes parents. Et pourtant, c'est ainsi que j'ai commencé, contre toute attente.

Quand on n'a rien dans la vie, on n'a rien à perdre. C'est ce que je me disais à chaque fois qu'un chemin s'ouvrait devant moi et je pensais que, s'il était honnête, je pouvais apprendre et m'enrichir davantage.

Dans la vie, il n'y a pas que des réussites, les échecs sont parfois plus bénéfiques. Il a fallu que je cherche, il a fallu que je comprenne quelles étaient les raisons de mon renvoi du Conservatoire ou, plus tard, du restaurant *Astir Palace*, où je me produisais avec succès mais dont les patrons n'appréciaient pas mon physique.

En comprenant nos erreurs, notre avenir est dégagé. Donc avoir du courage et un cerveau doit nous servir pour une prise de conscience justifiée, et se connaître soi-même, «*aftognosia*» en grec, telle est toujours ma devise.

Dictionnaire : l'essentiel

J'ai toujours apprécié, depuis ma plus tendre enfance, les lettres, les dessins et les dictionnaires. Au cinéma, j'écoutais le son des langues que je ne connaissais pas au début, mais je faisais un énorme effort pour deviner le dialogue des acteurs et les situations dans lesquelles ils se trouvaient. Ma sœur et moi avions vu le dernier film muet de Buster Keaton, mon père était parmi les premiers techniciens qui travaillaient sur le cinéma parlant.

Quand ce dernier a fait son apparition, je venais de commencer à distinguer chaque son de voix qui me plaisait, puis les autres, que j'aurais souhaité comprendre et qui me permettaient de m'évader dans des destinations de rêve inconnues. Je le gardais pour moi, je n'osais pas en parler, ni à ma mère ni à mon père. C'est bien après la guerre que ma marraine est partie pour les États-Unis. Ses parents m'avaient envoyé un dictionnaire anglais-grec du *National Herald Tribune*. Il est devenu mon ami d'enfance, indispensable ; cet ouvrage aux mille pages a marqué le début d'une collaboration amicale, un vecteur de communication avec le monde dont j'avais un profond besoin, et je ne l'ai jamais quitté. En feuilletant toutes ses pages avec toujours le même plaisir gourmand, j'étais à la recherche de mots anglais inconnus et je commençais à m'initier dans cette langue en correspondant avec le frère de ma marraine. Mes parents n'avaient pas les moyens de me donner des cours d'anglais puisqu'à l'école nous apprenions comme langue étrangère le français. Un jour, une voisine, qui connaissait mon désir d'apprendre cette langue, avait conseillé à mes parents un monsieur qui pourrait éventuellement me donner quelques leçons. C'était un ancien officier de la marine anglaise. De parents grecs, élevé et ayant fait sa vie à Londres, ce retraité avait perdu la vue pendant la guerre et, depuis, il vivait en Grèce avec sa sœur. À ses heures perdues, pour arrondir ses fins de mois, il donnait des cours d'anglais. Sa méthode était très particulière, il fallait s'adapter à sa cécité et tout se faisait à l'oreille. Paradoxalement, cette façon d'enseigner tout à fait exceptionnelle me convenait parfaitement car nous ne parlions qu'anglais, ce qui m'a permis plus tard d'en faire autant avec d'autres langues, sans aucun complexe. J'arrivais beaucoup plus facilement à communiquer dans tous les pays en parlant la langue nationale. J'ai toujours considéré que c'était moi qui devais faire un effort pour m'adapter à leur langue. J'étais une invitée, et j'étais étrangère.

Ma mère était originaire de Corfou, cette île baignée par la mer Ionienne, exceptionnelle par son authenticité, un véritable paradis sur terre dont la verdure et l'architecture rappellent l'influence vénitienne. L'île d'Émeraude, comme on l'appelle, est en effet située à deux pas du sud de l'Italie, d'ailleurs, les Corfiotes, les habitants de Corfou, mélangent souvent au grec plusieurs mots et expressions italiens quand ils parlent ou qu'ils chantent des mélodies napolitaines. Avec ma mère, j'apprenais des chansons de Roberto Murolo qu'elle appréciait beaucoup.

Mais avec l'Occupation pendant la Seconde Guerre mondiale, nous devions essayer d'apprendre la langue allemande, s'adapter à ses sonorités. Ce n'était pas chose facile, la peur de l'occupant se ressentait et nous ne pouvions que repousser leur langue. Le français, le grec ancien et le latin composaient nos langues étrangères au collège. Les dictionnaires devenaient une nécessité. Je les aimais par-dessus tout. Ils m'aidaient à la traduction, mais surtout dans les paroles des chansons que j'écrivais en écoutant la radio ou en écoutant des films.

Le jour où je suis partie pour le Festival de Barcelone, ma mère me demanda quel serait le porte-bonheur que je souhaiterais emporter avec moi. Je lui ai répondu : « Ta bénédiction seulement, car j'ai déjà acheté mon dictionnaire espagnol. » Depuis cet instant, je ne suis jamais partie en voyage sans emporter dans mes bagages le dictionnaire du pays que j'allais visiter. Au fur et à mesure de mes tournées, il fallait non seulement que le dictionnaire soit gréco-français, gréco-anglais, mais également franco-allemand, franco-espagnol, franco-anglais. Peu importait le poids à soulever, ma relation aux mots, dans toutes les langues, a toujours été primordiale.

Toutes ces longues tournées, dans différents voyages en avion, je faisais mon tour de chant et j'écrivais les annonces de mes chansons grâce à mes précieux dictionnaires. Parfois, il m'est arrivé de demander l'aide des hôtesses pour améliorer ma prononciation. Pour le français, seul André pouvait me corriger, il était parfait mais sévère !

Le soir, dans ma chambre d'hôtel, quand André n'était pas avec moi en voyage, à sa place, à côté de moi dans mon lit, des photos de mes enfants, des paroles, des partitions de musique, téléphone et agenda, et surtout mes dictionnaires m'entouraient chaleureusement.

C'était mon école à moi, ma solitude me paraissait moins pesante puisque très entourée des miens, même si j'étais loin de chez moi géographiquement.

Dépendance : illusion fatale

Nous venons tous sur terre en étant dépendant. L'enfant, comme l'animal, a besoin de son entourage. L'animal, comme l'enfant, dépend de sa mère ou de la personne qui va l'élever, il a besoin d'être nourri, soigné, d'apprendre à marcher, à distinguer le bien du mal. Ce sont ses parents ou les personnes qui l'élèvent qui l'aident à découvrir l'environnement dans lequel il va évoluer. Lui apprendre à apprécier les joies mais surtout à se méfier des dangers auxquels il sera exposé, pour se défendre.

Mais tout cet amour donné conduit à une chose, à ce qu'il devienne indépendant. Car l'acquisition de l'autonomie est un phénomène important dans le développement de sa personnalité. C'est cette autonomie qui lui fera franchir le stade de l'indépendance. S'il n'a pas la chance de recevoir une éducation solide qui structure son enfance, il ne connaîtra que la dépendance. Le doute, la peur qui grandit en nous, parfois peuvent l'amener à être attiré par de mauvaises influences et à s'adonner à l'alcool et à l'addiction à différentes drogues. Or, c'est un moment que l'on croit sûr, mais ce n'est que l'illusion d'un réconfort.

Le jeu de cartes était la dépendance de mon père, et donc sa faiblesse. Ainsi, il s'attelait à jouer le mieux possible, à être aussi perfectionniste que dans ses différents métiers, d'ingénieur à projectionniste. Cette quête d'avoir un jeu parfait l'a rendu dépendant, au péril du bien-être de ma famille. La dépendance vient souvent de la peur de perdre ses capacités ou l'amour de son travail, de ruiner sa réputation, c'est aussi notre propre fragilité de nous faire tomber dans la dépendance par ignorance du danger qui nous guette.

Ma dépendance était et reste la chanson. Mais une dépendance que j'assume, elle m'a donné la vie, la liberté, le droit à l'existence et à la découverte du respect et de l'amour de la vie. Cette dépendance a cependant posé une ombre dans ma relation avec mes enfants.

La dépendance de mon père pour les cartes m'a poussée à annuler une soirée avec Alain Delon. Il était l'acteur que j'admirais le plus, j'avais d'ailleurs une véritable passion, comme toutes les filles de mon âge, et cela continue aujourd'hui. Je l'ai rencontré il y a près de cinquante ans, un soir, en 1963, au casino de Megève. J'avais chanté pour un seul soir, accompagnée de mon pianiste, et je devais partir le soir même pour la Grèce. Alain Delon, le couturier Guy Laroche et quelques autres amis se trouvaient dans la salle. Après mon tour de chant, Guy m'avait invitée à sa table et Alain Delon a voulu se diriger vers les tables de jeu. Mon sang n'a fait qu'un tour à cette idée. À la vue du vert du tapis de carte, les images de mes parents me sont immédiatement venues à l'esprit. J'ai voulu partir mais Alain m'a retenue en me proposant de me conduire à Genève pour prendre l'avion. J'avais très envie de rester et la peur de cette ambiance de jeu me paralysait. Je suis partie en lui glissant, comme porte-bonheur, une petite médaille. Nous nous sommes revus quelques fois depuis. Je l'aime toujours et je l'admire autant. Il y a deux ans, je lui ai demandé de chanter une chanson avec moi, il a tout de suite accepté par amitié et par fidélité pour le poème « Pauvre Rutebeuf », mis en musique par Léo Ferré. Avec cette chanson, nous avons partagé le souvenir de tous nos amis disparus et qui, pour nous, restent à jamais éternels.

Dylan : l'engagement

Un ami est toujours exceptionnel. Aucune amitié ne se ressemble. Elle est unique et il n'est pas toujours important de se voir pour la maintenir. L'amitié est aussi diverse de par sa culture, mais quand nous partageons les mêmes valeurs, l'amitié fait qu'on se retrouve en harmonie. Avec notre métier, on ne peut pas toujours se voir souvent. On sait que l'autre existe, quelque part, mais, où qu'on soit, on a les mêmes symboles, les mêmes valeurs humaines, les mêmes idées universelles, que nous défendons et que nous respectons.

Voilà un exemple, comme Joan Baez, que je n'ai pas vue très souvent, mais qui fait partie de mes amis, au même titre que Leonard Cohen, Julio Iglesias, Serge Lama, Alain Delon, Harry Belafonte, Charles Aznavour, tous ces amis que j'aime comme j'ai pu aimer Nikos Gatsos, Manos Hadjidakis ou Jean-Claude Brialy.

Nous n'avons pas beaucoup vécu ensemble, mais nos moments passés étaient précieux pour infiniment les respecter et les apprécier.

Pour Dylan, j'ai eu l'occasion de chanter ses chansons avant de le connaître. Un soir, il est arrivé au Greek Theatre à Los Angeles, avec deux amis que je connaissais déjà, Leonard Cohen et Malka, une artiste israélienne. Il y avait aussi un autre de leurs amis, Neil Diamond. Dylan n'avait pas le temps de rester après le spectacle car il avait un autre rendez-vous, mais il a néanmoins passé toute la soirée à m'écouter, non pas dans la salle mais dans les coulisses. Il avait apprécié d'autres chansons de mon spectacle, comme « L'histoire de nous », d'Alain Goraguer et Claude Lemesle, mes amis.

J'ai de nouveau revu Dylan à Paris et à Londres, en Allemagne, en Australie, à Brisbane, mais je n'ai jamais pu le voir sur scène, nous étions à chaque fois chacun de son côté en train de nous produire. Nous n'avons malheureusement pas pu nous revoir.

Néanmoins, il reste toujours dans mon cœur, je lui suis très attachée. J'oubliais que je l'avais revu un jour au Forum, à Los Angeles, où il se produisait. Plus tard, nous nous sommes retrouvés dans sa loge avec Leonard Cohen, Malka, André, Neil Diamond et Neil Sedaka. Dylan m'a saluée en les ignorant tous, sauf Cohen. Il ne s'adressait qu'à Cohen en lui posant des questions sur ses paroles, sur les mots, sur les symboles et sur le sens. Et Cohen lui répliquait de la même façon avec les mêmes questions : « Pourquoi as-tu écrit cela dans telle chanson ou dans telle autre ? », comme un jeu d'échecs. En un instant, je me suis retrouvée dans le monde que j'avais connu et vécu avec Nikos et Manos, les amoureux du mot et de leur juste sens. J'avais été formée à ce monde, grâce à mes chers amis grecs, et je me sentais bien entre mes amis Dylan et Cohen parce que je croyais au pouvoir du mot et que j'y crois encore.

E

Elvis : rendez-vous raté

Quel regret de ne pas avoir connu Elvis.

En voyant le film de Liberace, dernièrement, j'ai pensé à l'année où je me suis retrouvée à Las Vegas avec André Chapelle et Sam Gesser. Je venais de terminer une tournée canadienne à Vancouver, et le lendemain j'assistais à la première de mon ami Wladziu Valentino Liberace au *Caesars Palace*. Je l'avais connu bien avant Harry Belafonte, dans des émissions télévisées.

Il m'appréciait beaucoup, tout comme moi, car c'était un homme attachant, extravagant certes, mais un véritable artiste, plein de qualités humaines et qui vivait sa liberté de ton et sa vie privée avec respect et dignité, tout un talent ! Il était très aimé et respecté partout.

En arrivant à Vegas, André avait remarqué qu'Elvis se produisait au *Hilton*. Malheureusement, l'heure de son spectacle coïncidait avec l'heure du spectacle de Liberace, il n'était pas possible de se dédoubler. Avec André, nous avons pu seulement admirer sa guitare exposée dans le hall de l'hôtel. Ce soir-là, j'ai tout oublié. Je venais d'assister à ce magnifique spectacle de Liberace. Après le spectacle, il m'avait fait l'honneur de me placer à sa table, aux côtés de son compagnon Scotty.

Liberace avait fait une entrée sur scène fracassante dans une Cadillac aux couleurs du drapeau américain et, à la fin du spectacle, il est reparti avec des ailes, comme un ange, se dirigeant vers le décor du plafond de la scène à l'image d'un ciel. Le tout sous un tonnerre d'applaudissements.

Deux ou trois années plus tard, au cours d'une soirée à New York, j'ai rencontré un animateur qui avait participé à des soirées à Graceland, maison d'Elvis. Il me dit qu'il m'avait découverte chez Elvis, car il possédait mes disques en allemand et il les avait emportés avec lui quand il avait fait son service militaire. J'étais profondément émue. Non seulement je savais que Liberace m'aimait, mais Elvis aussi.

Espoir : la quête d'une vie

La naissance d'un enfant est toujours porteuse d'espoir.

L'espoir d'un bel être en devenir, l'espoir d'un monde meilleur. Nous avons tous besoin d'espoir. Comme le disait si bien le grand auteur italien

Moravia : « l'homme veut toujours espérer, même lorsqu'il est convaincu qu'il n'y a plus d'espoir ». Je pense profondément que l'espoir est un sentiment qui ne meurt qu'avec soi. Si mes premiers rêves étaient mes chansons, ils en côtoyaient d'autres dans mon cœur. Je rêvais également de devenir une femme et une mère de famille, mais les enfants ne demandent pas à venir au monde. Chaque naissance est ressentie comme miraculeuse, parfois attendue avec impatience, parfois inattendue, et parfois n'arrivant jamais. La tristesse nous oblige à ce moment-là à préconiser d'autres solutions. Mes enfants ont apporté le bonheur, ils ont été ma priorité. Je leur ai apporté ce dont ils avaient besoin. L'amour, la protection, l'assurance de grandir dans un univers bien entouré, honnête, fidèle, juste et simple. Mes deux enfants ont grandi avec beaucoup d'amour, de discipline aussi, et entourés d'amis d'enfance ; leur gouvernante, qui n'avait pas d'enfant et qui leur reportait tout son amour, leur était dévouée. J'ai toujours essayé d'être aussi présente que possible. J'ai été parmi les premières chanteuses à voyager avec les enfants, la nanny, mais sans garde du corps.

Nous mettons de l'espoir dans chaque enfant. Notre devoir est de lui apporter amour et éducation. L'enfant, c'est notre avenir, l'espoir dans l'humanité, seul l'amour donné crée l'espoir.

Éducation : prémices de la construction humaine

L'éducation est la première et plus importante page de la vie de chaque être, c'est ainsi que se forme l'humanité. L'éducation n'est pas seulement innée, il faut aussi apprendre à développer son talent, ses moyens, pour forger son propre avenir et en faire profiter afin d'améliorer la société. Pouvoir être guidé par des bons professeurs, qui nous aident à choisir la bonne direction, à distinguer le bien du mal, en lui transmettant les valeurs et lui montrant les bons exemples sans l'obliger à nous suivre.

C'est la raison pour laquelle il est indispensable de veiller sur un enfant, de le soutenir, l'entourer, le protéger et l'éduquer, pour lui donner toutes les chances d'avoir un avenir meilleur. Tous, garçons ou filles, ont droit à l'éducation. C'est primordial.

Il est évident que chaque pays a son propre système d'éducation. Il est directement lié à sa culture, son histoire, ses valeurs, et il ne peut pas changer au risque d'effacer l'identité de son peuple. Une chose est sûre, la diversité culturelle de l'Europe existe autant que la diversité de son éducation.

Mais, au bout de la route, toutes les racines culturelles se retrouvent quelque part, elles cohabitent de manière égale. Elles peuvent se rencontrer, s'entendre, trouver un équilibre et une harmonie entre elles, car rien n'est impossible chez les êtres humains, la volonté peut les réunir pour construire à tout moment.

Ça devrait être pareil dans l'éducation, pour que le Sud puisse s'entendre avec le Nord, ou l'Est avec l'Ouest, il faut d'abord qu'ils se connaissent pour coexister. Face à la litanie de problèmes d'union à résoudre, peut-être que l'Europe n'a pas eu le temps pour faire une telle harmonisation. Peut-être aussi que nous sommes trop impatients ?

Les pays étaient-ils prêts à s'unir sans aucune difficulté ? Personne ne l'était réellement, mais le rêve d'une Europe sans guerres nous faisait croire au miracle et à la facilité. Nous avons sans doute manqué de sagesse et nous devons retrouver cette valeur.

L'Europe unie est une idée pacifiste formidable, mais il lui faut plus de temps pour se perfectionner. Nous devons prendre ce temps et faire l'effort de s'entendre d'abord entre nous, les citoyens.

Puis, il faut du temps pour évoluer. Il faut accepter que l'Europe ne soit pas un pays, seul, mais elle est composée de plusieurs pays qui disposent chacun de lois et de députés. La réussite de l'Europe relève aussi de leur responsabilité. Nous n'avons pas à critiquer ou à donner des solutions.

Nous sommes ici pour avoir la patience, donner du courage et de l'espoir. Rien n'est gratuit ou simple dans la vie, mais il faut commencer par s'aimer, puis s'entendre. En créant l'Europe, nous avons mandaté des dirigeants pour trouver notre liberté. Nous avons fait des progrès énormes en matière d'égalité, mais rien n'est acquis, il faut continuer et perfectionner cette création. Certes, la perfection n'existe pas, mais nous pouvons tout améliorer.

Il ne faut pas baisser les bras, car l'Europe est aujourd'hui le seul moyen d'éviter les guerres. Même si les temps sont difficiles, en voyant les troubles au Moyen-Orient, en Turquie ou au Maghreb, il apparaît plus que jamais primordial de sauver l'Europe de la paix.

Mais l'éducation est surtout un droit que tous les États devraient garantir. Elle permet l'épanouissement de la personnalité, le développement de toutes les aptitudes. Malheureusement, à notre époque, au XXIe siècle, dans un certain nombre de pays, une fille n'a pas les mêmes droits que les garçons, elle n'a pas accès aux études et doit travailler durement dès son plus jeune âge. Pourtant, une fille possède les mêmes droits à cet élémentaire devoir. Il y a encore des pays où l'obscurantisme règne et le droit de la femme est bafoué dès sa naissance. Certains régimes ont plus de considération pour les animaux que pour la gent féminine. Elles sont emprisonnées chez elles, elles n'ont aucun rôle à jouer, sauf celui de satisfaire les exigences de leur mari, tenir un foyer et avoir des enfants.

En 2008, selon l'Unesco, 28 millions d'enfants sont privés d'éducation, soit par des régimes obscurantistes, soit à cause des guerres ! Quel constat affligeant et terrible à notre époque ! Quoi de plus important que l'éducation qui assure la transmission du savoir ? Comment conduire un enfant à assumer ses responsabilités dans une société de tolérance et d'égalité ?

Europe et députée : ma parenthèse européenne

L'Europe reste une très bonne décision, même si elle a ses défauts. Il lui faut mûrir et consolider l'unification de ses membres. Il faudrait peut-être que chaque pays apprenne à mieux se connaître. Elle n'a pas pris le temps de connaître chacune des mentalités pour les guider vers d'autres ambitions et ainsi leur donner une chance de s'adapter à la diversité culturelle et de mieux se connaître entre elles. Elle a peut-être voulu maîtriser la vie de ses citoyens en imposant une seule et même identité. Si l'Europe et ses pays membres pouvaient faire l'effort de mieux s'intégrer et se connaître entre eux, l'UE serait peut-être moins fragile qu'aujourd'hui. Car l'Europe est un modèle de démocratie et de paix.

On parle d'ailleurs très souvent et facilement de la démocratie, mais qui sait ce que cela signifie vraiment ? Qui l'a connue pour la respecter ? Et la liberté, qui l'a reconnue pour exister ? Et la vérité, je crois qu'elle a disparu, elle est oubliée. Malgré tout, je suis toujours fière, non seulement d'être grecque, mais d'être une Grecque européenne, dans le bon sens, partout et dans tout ce que j'entreprends depuis toujours. Depuis le jour où je me suis retrouvée loin de mon pays, de ma famille, de mes amis, de tous ceux qui, en fait, me donnaient amour et sécurité; j'ai bien été obligée de m'assumer et j'ai toujours eu comme préoccupation première le respect pour les pays dans lesquels je me rendais. Je me suis efforcée de me dire qu'il me revenait le soin de m'adapter et d'accepter d'autres cultures et d'avoir la plus grande tolérance à d'autres façons de penser.

Dans la politique, malheureusement, j'ai appris que l'essentiel n'était pas dans la vérité.

J'étais à Copenhague, au Danemark, pour commencer une série de concerts dans tout le pays, quand mon téléphone sonna. Au bout du fil, un ami d'Athènes, Miltiade Evert. À l'époque, il était président du parti conservateur grec Nouvelle Démocratie.

«Que fais-tu là-bas?», me demanda-t-il. Sans même attendre ma réponse, «assieds-toi», me dit-il sur un ton doux, lui qui était d'habitude si autoritaire.

«Que dirais-tu de devenir députée au Parlement européen? Tu connais tous les pays, tu parles plusieurs langues, tout le monde t'aime et te connaît! Tous ont grandi avec tes chansons! lança-t-il.

– Mais le public ne me connaît que par mes chansons, puis je ne connais rien à la formation d'un député. Je n'ai pas fait d'études et je n'ai jamais voulu me lancer dans la politique», dis-je alors.

D'une phrase ferme et bien décidée, il me répondit:

«Tu le feras pour ton pays. Nous avons besoin de ta présence et puis tes collègues vont t'aider à faire ce qu'il faut. Tu apprendras, je te laisse réfléchir et je te rappelle.»

Je me suis forcément laissée piéger, car il ne m'a jamais rappelée et je n'ai pas non plus réagi. Prise par mes tournées, mes voyages, la promotion de mes chansons, mes concerts, je n'ai pas trouvé le temps de lui en parler.

Un mois plus tard, alors que je m'apprêtais à chanter au théâtre Monumental à Santiago du Chili, mon amie Manuela me téléphone d'Athènes, en hurlant. « Qu'as-tu fait ? Es-tu devenue folle ? Tu es sur les listes de la Nouvelle Démocratie pour les élections européennes ! Pourquoi as-tu accepté cela ? » me demande-t-elle presque en larmes.

Je suis restée pétrifiée pendant un long moment, incapable de prononcer un seul mot, je n'arrivais pas à réaliser que Miltiade s'était passé de mon consentement. J'étais vidée. Mais je ne pouvais pas crier, je devais préserver ma voix pour mon concert. Comment prendre une telle décision sans mon accord ? Pourtant, il l'avait fait. J'étais assaillie d'interrogations : mon métier, ma famille tenaient des places primordiales dans ma vie, j'étais heureuse, alors pourquoi aller m'embraquer dans une telle aventure ? Je n'avais jamais voulu entrer en politique, je n'en connaissais pas les codes, je n'en avais pas la formation et surtout je n'avais aucune aspiration pour la chose publique. Mais pour ne pas trahir mon pays ni trahir, et être fidèle à mon ami Miltiade aux yeux des autres, j'ai accepté cette mission et j'ai servi un mandat de députée européenne de 1994 à 1999. J'avais pensé, à ce moment, aux mots de Martin Luther King : « Nos vies commencent à finir le jour où nous devenons silencieux à propos des choses qui comptent. »

Ce fut une expérience nouvelle dans un monde nouveau. J'ai voulu être sincère et apprendre à travailler le plus sérieusement. J'ai commencé par le début, comme d'habitude. La première chose a été de recruter Azita, une très jeune avocate d'origine russe qui avait grandi à Paris, c'était la fille de mon ingénieur du son. Je l'ai embauchée pour qu'elle devienne mon assistante. Avec elle, pendant ce mandat qui m'était imposé, je me suis astreinte à une nouvelle discipline. Une discipline différente de celle que j'avais dans ma vie de chanteuse et j'ai donc accepté de mettre ma carrière entre parenthèses au service de mon pays.

J'ai tenu à garder ma sincérité et ma fidélité pour mon ami, je souhaitais qu'il soit fier de moi, même si, au fond, il m'avait poussée dans des eaux profondes et inconnues. Il m'appartenait de me débrouiller.

Je me suis retrouvée au Parlement avec Bernard Tapie. Tous deux attirions la curiosité de tous les journalistes, des photographes du monde entier. Les journalistes européens venaient me photographier avec les députés de leur propre pays. La mission politique leur importait peu et cela a duré jusqu'au bout de mon mandat.

Un de mes nouveaux collègues se nommait Michel Rocard. Il a été le premier à m'inviter et à me demander pourquoi j'avais accepté cette mission, et il avait raison. Je lui ai tout expliqué. Michel Rocard m'a toujours soutenue dans mes projets, c'est un homme que je respecte et que j'apprécie beaucoup. Il y avait aussi mon amie Nicole Fontaine, deuxième femme présidente au Parlement, après Simone Weil, une grande dame dont j'ai toujours admiré l'engagement politique, humanitaire et la vie qu'elle a traversée. J'ai beaucoup de respect pour cette femme qui a toujours défendu les femmes.

J'ai eu aussi l'occasion de côtoyer d'autres personnalités comme Jack Lang, Bernard Kouchner, Élisabeth Guigou et évidemment José María Gil-Robles, Pat Cox, Daniel Cohn-Bendit.

Au début, j'ai dû affronter un conflit d'intérêts entre mes nouvelles responsabilités et l'Unicef. Étant ambassadrice de cette organisation non gouvernementale et, *de facto*, sous contrat avec les Nations unies, je n'avais pas le droit d'appartenir à deux institutions concurrentes. Ma mission consistait à travailler dans des comités pour promouvoir la culture, le rôle des femmes, les familles, les enfants, le développement du tiers-monde, en général, les droits de l'homme. J'ai donc pu concilier les deux et défendre avec sincérité certains projets en même temps.

Il faut dire que je n'ai jamais voulu entrer en politique, malgré mes nombreux amis dans ce domaine. Mon premier, plus grand et vieil ami était notre premier président de la République hellénique et quatre fois Premier ministre, Constantin Caramanlis. Pour les Grecs, il a été l'homme du retour à la démocratie, en 1974, après sept années de dictature des colonels. C'est lui qui a réussi à négocier, sans violence, le passage à la démocratie, et s'est attiré ainsi le surnom du « de Gaulle grec ». Il a vu, en presque un siècle, son pays mener six guerres, dont une civile. Il prônait l'intégration européenne et c'est grâce à lui que la Grèce a réussi à devenir le dixième membre de la Communauté économique européenne en 1981. Il m'a toujours conseillé de ne jamais me mêler de politique ! Il aimait mes chansons. En exil en France, pendant la dictature des colonels, il venait m'écouter. Il me répétait sans arrêt : « Fais attention quand tu chantes, tu dessines le visage de ton pays, la Grèce, et c'est une lourde responsabilité. » Plus tard, quand il est devenu Président, il m'a invitée à plusieurs reprises, me parlait et me répétait : « Dans la vie, il y aura toujours quelqu'un de plus grand qui se placera devant toi, plus grand et, ce qui compte, c'est de te surpasser et d'être toujours au mieux, en accord avec ta conscience. » Il ajoutait que j'étais plus utile en chantant mes chansons à l'étranger, même après la dictature, qu'en rentrant dans notre pays. Le rayonnement de la Grèce était bien plus important.

C'est lui aussi qui m'a invitée à chanter à Athènes, au théâtre d'Hérode Atticus, en 1984. Ce théâtre antique, qui bénéficie d'une renommée internationale, se situe au pied de l'Acropole d'Athènes et possède une scène de marbre blanc de 35 mètres de large. La Grèce fêtait ses dix ans de démocratie toute neuve. Il m'a ouvert la porte de ce théâtre magnifique et historique en me permettant d'être la première chanteuse de musique populaire qui pouvait se produire dans ce lieu qui jusqu'alors n'était réservé qu'au théâtre et à la musique classique. Ce fut un grand honneur et un grand bonheur et, cette année-là, je fêtais mes 50 ans, après vingt-cinq ans d'absence.

Tout le monde était présent, tous mes amis, ma famille, à l'exception de ma mère qui nous avait malheureusement quittés sept ans auparavant. Mes enfants et Féfé, leur gouvernante, n'étaient pas venus non plus, suite à un caprice humain. Ils ne sont arrivés que le lendemain, à ma plus grande tristesse, j'aurais tellement voulu les avoir près de moi au moment où mon pays me rendait hommage.

En politique, il faut entrer dans un système, je l'avais senti et je n'avais pas du tout envie de faire des concessions. La seule concession que je peux faire est pour promouvoir la paix.

En Grèce comme en France, tout le monde a son opinion et la politique s'invite dans la rue. Tous recherchent en effet la justice, car la Grèce est un pays qui, depuis des siècles, a énormément souffert.

Les souffrances, les injustices, le manque de liberté ont laissé des traces indélébiles de peur, de doute, de honte qui nous empêchent parfois d'être fiers de notre héritage. Pourtant, nous avons une histoire et une civilisation immense, éternelle, héroïque, pleine de lumière, riche en valeurs que le monde d'aujourd'hui cherche en vain et tente de découvrir.

Berceau de la démocratie, de la liberté, de la philosophie, la Grèce rayonne pourtant partout.

Ma première rencontre avec les députés était pour le moins surprenante. Nous étions en plein déménagement à Genève, nous quittions un appartement pour aller dans une grande maison. Les enfants avaient grandi ; nous avions besoin d'un peu plus de place où ils pouvaient inviter des amis plus facilement.

Ce déménagement était pour moi un drame. Ces cartons me plongeaient des années en arrière, à l'époque où, seule, je devais m'installer en Europe et me produire chaque jour dans une ville différente, sans avoir un nid stable. Je me sentais toujours dans l'insécurité. Heureusement, André, ma sœur et ma gouvernante Odette ont géré toute l'opération. Pour ma part, j'étais comme paralysée, incapable de réfléchir, de mettre en place une stratégie, plus que le trac qui s'empare de moi avant chaque spectacle, j'étais tétanisée. Je vivais cela d'autant plus difficilement que changer de toit relevait d'un plongeon complètement fou. Comme je voyageais énormément et que je me retrouvais d'hôtel en hôtel, quand je rentrais à la maison, j'avais besoin de ce havre de paix. En plus d'une protection, c'était un ancrage dans mon équilibre.

Nous venions de rentrer de deux semaines de vacances en Grèce. Nous n'avions pas pu nous reposer, personne ne nous ayant laissés tranquilles. À peine rentrés, mon ami Giorgos Levantaros, qui travaillait dans les relations publiques, me téléphona et me demanda de revenir à Athènes pour une première rencontre entre eurodéputés. Le moment était venu pour moi de me confronter à l'histoire que je vivais en direct. Je voguais vers une destination inconnue, je l'appréhendais. André ne m'a pas suivie, cette fois-ci, j'en ai profité pour me rendre au chevet de Manos Hadjidakis, très malade. Lui qui était tellement plein d'énergie créatrice devant son piano était mal en point en ce mois de juin. Deux ans auparavant, Nikos Gatsos, son meilleur ami, nous quittait, puis c'était au tour de Melina Mercouri qui nous avait quittés le 6 mars. Nous étions en juin et c'était toujours aussi dur à supporter. Voir Manos partir était un nouveau coup de massue. Je lui parlais, nous évoquions Melina et nos petites jalousies. La chanson « Hartino to fengaraki » avait été initialement écrite par Nikos et composée par Manos pour Melina. Mais c'était moi qui en avais hérité. Melina n'avait pas apprécié puis, petit à petit, sa rancœur avait disparu et elle était venue m'écouter.

En 1993, je devais me produire au Palais de la Musique d'Athènes, le Megaro, au moment où Melina partait pour New York se faire opérer. La veille, elle s'était rendue à ma répétition, comme à chaque fois, elle s'est mise au premier rang et m'a demandé de lui chanter toutes ses chansons qu'elle entonna avec moi. Jules Dassin était à ses côtés. Melina était l'égérie de Jules, ils se sont mariés en 1966 et ne se sont jamais quittés. Jules Dassin a réalisé le mythique film *Jamais le dimanche* qui a apporté au couple une renommée internationale. Grâce à ce film, Melina a reçu le prix d'interprétation féminine au Festival de Cannes et Manos a reçu l'Oscar de la meilleure chanson pour la musique du film.

Avant de partir, nous avons fait une photo ensemble. Je ne l'ai jamais plus revue vivante, elle est morte quelques mois plus tard. Ce fut un choc pour la population, d'ailleurs, une semaine de deuil national fut décidée suite à son décès. Elle s'est beaucoup investie pour l'essor de la culture européenne. En 1985, elle a créé le concept des capitales européennes, ce qui a contribué au rapprochement des peuples européens. Une opération qui désigne deux villes par an pour accueillir diverses manifestations artistiques et promouvoir leur patrimoine aussi bien culturel qu'historique. Melina. Je ne pouvais l'appuyer dans son combat que j'ai toujours partagé.

En parlant de cette histoire avec recul, Manos réagissait à peine. Je lui promis alors de revenir le voir après ma réunion. Il habitait juste à côté des bureaux du parti conservateur où se déroulait la rencontre entre députés européens.

La rue était remplie de journalistes, de caméras que mon ami Giorgos essayait de contrôler, il lançait à tous : « Les déclarations, c'est pour plus tard. » En franchissant la grande porte, j'entrais dans un monde inconnu.

« Tu dois aller dans la salle de conférence, là-bas, au fond, je ne peux pas venir avec toi, je t'attendrai ici », me souffla Giorgos.

Je marchais dans l'indifférence absolue, alors que j'avais été la surprise de la session. L'ambiance était glaciale. Dans ce monde d'hommes au costume impeccable, seuls un ou deux m'ont saluée. Un troisième est venu à mes côtés, juste pour se faire prendre en photo. Je sentais que je n'étais pas la bienvenue. Il y régnait une méfiance totale à mon égard. Je me suis dit : « C'est comme ça, la politique ? », et puis j'ai repensé à mon amie Manuela qui me disait souvent : « C'est la politique qui a tué Melina Mercouri. »

Je me suis alors isolée pour écouter les discours. C'était ma première réunion politique, et je constatais qu'un discours se faisait dans une salle excessivement bruyante dans l'indifférence la plus totale.

Je me perdais dans les discours jusqu'au moment où Miltiade Evert me fit un signe de la main en me demandant de me rapprocher. Il était assis sur un podium au fond de la salle. Le regard affolé, il me transmit une note où il était écrit : « File vite, Manos est au plus mal. »

J'étais effondrée. Je me retrouvais propulsée des années en arrière, tout défilait dans ma tête, nos premières rencontres, nos discussions, nos chansons, que de trajet parcouru, même s'il était très possessif, j'avais réussi à m'en affranchir, mais je me posais la question : « Sans lui, aurais-je pu être là où je suis ? » En récupérant un peu mes esprits, j'ai vu que Giorgos était déjà parti. J'ai à peine eu le temps de sortir de la salle que déjà des dizaines de voitures de journalistes avaient encerclé l'immeuble de Manos. Au même moment, il était transféré à l'hôpital en ambulance. Grâce aux voitures de sécurité, j'ai pu le rejoindre rapidement mais, en arrivant, soucieuse et défaite, les médecins m'annoncèrent qu'il était trop tard : « Vous ne pourrez pas le voir, madame, c'est fini. »

À la sortie, une meute de journalistes attendait. Que leur dire ? Mon souffle était coupé. La tristesse et le vide serraient mon cœur, j'étais perdue. Nous nous sommes rendus à Peania, avec Giorgos et Harris, son ami. Nous avons passé la soirée chez eux et le lendemain nous étions sur place pour les obsèques.

Anéantie et profondément dévastée, je suis incapable de me souvenir du moindre détail, il y avait énormément de monde mais je ne sais pas qui était présent. Une immense tristesse m'envahit. Ma mère nous avait quittés la première, suivie mon père, puis Nikos, Féfé, ma gouvernante, Melina et aujourd'hui Manos. Toute ma jeunesse disparaissait avec tous ces visages aimés qui s'en allaient. Cette année-là, j'allais fêter mes 60 ans. De toute la bande que nous avions formée, je restais seule, unique responsable de l'héritage confié par mes amis.

J'ai souvent fait la comparaison entre la musique et la politique. Deux mondes particuliers. La chanson donne de l'espoir sans nier la réalité. La politique doit donner des réponses et des solutions, mais très souvent elle crée ainsi des illusions. Ceux qui manient la politique nous font croire qu'ils détiennent les réponses pour gagner du temps, jusqu'aux prochaines élections… et face à l'impuissance de trouver les solutions, ils provoquent de graves divisions au sein du peuple. Or, nous avons besoin d'hommes et femmes politiques en qui nous pouvons avoir confiance, en qui nous pouvons confier notre vote, que nous pouvons respecter et qui respecteront notre vote.

En revanche, les artistes, comme les athlètes, remettent leur mandat à chaque fois devant le public. Ils n'ont pas de quinquennat. Lorsque je me suis retrouvée au Parlement comme députée, je disais que je ne connaissais pas le fonctionnement intérieur. Mais je connaissais bien la vie des peuples, des simples citoyens, dans beaucoup de pays. Je connaissais leurs revendications sociales, les nécessités humanitaires dont l'Europe a aussi besoin.

Pour répondre aux urgences les plus graves, les politiques se contentent souvent de créer des comités en faisant participer quelques députés de plus, ce qui n'enrichit pas la recherche à effectuer. Au lieu de défendre la cause en question, ils ne font qu'alourdir les dépenses. Ce qui est néanmoins très grave, c'est qu'ils ne livrent jamais de réponses aux urgences les plus graves.

Souvent, le choix de mes chansons vient justifier mes questions.

Comme Bob Dylan le chantait, « *the answer is blowing in the wind* », comme la chanson de Peter Seeger « Oh will they ever learn », comme Guy Béart le disait : « le premier qui dit la vérité doit être exécuté », ou comme Boris Vian avec « Le déserteur ».

Comme d'autres chansons écrites à une certaine époque, il y avait une soif de justice, d'abolir le racisme, et l'espoir d'être écouté, le besoin de construire, d'apprendre à vivre librement après tant d'années de guerre. La recherche de fraternité, comme au temps de Martin Luther King qui souhaitait instaurer les droits civiques et droits de l'homme pour les gens de couleur, ou la Convention pour la protection des droits de l'enfant. Des chansons, toujours très actuelles, comme « Le ciel est noir », par exemple.

Je pensais à tout cela dans l'avion privé que j'étais obligée de louer pour pouvoir aller chanter, quand j'étais libre, le week-end. Que ce soit de Scandinavie, d'Angleterre, d'Irlande, d'Allemagne ou de France, je revenais le lundi matin pour être présente aux séances et passer la semaine au Parlement à Bruxelles ou pour voter à Strasbourg. L'été, pendant les vacances, je voyageais plus loin et je n'hésitais pas à aller aux États-Unis, en Amérique du Sud ou au Canada. Pendant longtemps, j'ai choisi mes chansons instinctivement, mais aujourd'hui, je sais pourquoi.

F

Famille : berceau de l'amour

Le voyage qui nous amène vers une destination inconnue, pour une femme, est d'avoir des enfants à élever. C'est un besoin physique, mais c'est aussi une nécessité morale de poursuivre sa vie, comme nous l'apprenons dans la religion, dans la famille et à l'école. Devenir une femme est un besoin essentiel, tant physique que moral, pour accomplir son existence avec des enfants. Non seulement c'est un devoir pour la femme, mais c'est aussi une grande responsabilité que j'ai tenté d'assumer, comme ma mère, avec la même foi profonde. Je souhaitais donc des enfants. Pour moi, c'était l'accomplissement d'une double appartenance, de femme et de mère, je me souviens que beaucoup de mes amis me le conseillaient et en même temps me décourageaient, en me disant que mon travail ne me laisserait jamais le loisir d'être mère, et qu'on ne trouve plus suffisamment de nurses ou nourrices pour s'occuper des enfants quand la mère voyage tout le temps, ce qui était mon cas. Ma foi me poussant à croire qu'il y a toujours une solution pour le problème de chacun, j'ai eu beaucoup de chance d'avoir trouvé une femme, tout comme elle, qui avait ce besoin de se retrouver dans une famille où les enfants étaient aimés. Elle a eu le choix de répondre à notre appel. Finalement, elle est restée avec nous pendant vingt-cinq ans, le temps que les enfants grandissent; elle nous a quittés à la suite d'une longue maladie. Elle s'appelait Fernande et, depuis le jour où elle a franchi la porte de chez nous, Nicolas l'a appelée Féfé.

Ma famille, c'est avant tout mes parents, mes enfants, mon mari, mes amis, les personnes qui m'accompagnent fidèlement dans mon travail. J'inclurais aussi mes fans capables de me suivre partout, même au cours de mes tournées internationales.

On ne choisit pas sa famille, cela relève du hasard, tel un oiseau dans un nid. Évidemment, on ne s'entend pas toujours, mais la famille pour un enfant représente tout. C'est son monde, son univers, dans lequel il va grandir. Il sera d'abord entouré de tendresse pour être protégé, et ainsi faire confiance aux autres et sortir de ce cocon pour entrer dans un autre qu'il doit apprivoiser.

C'est la famille qui nous transmet les premières valeurs de la vie, et c'est la famille qui nous aime d'un amour inconditionnel. Ce sentiment construit la vie de tout individu. Dans ma famille, l'amour rimait avec discipline, il ne fallait compter que sur son travail, être entouré et soutenu par la famille.

La famille est la première forme de vie sociétale au sein de laquelle nous grandissons. On apprend à être adulte, on apprend à aimer ou pas ceux qui nous entourent, on apprend à apprivoiser le monde dans lequel nous vivons. On y apprend le respect, on aime s'y sentir en sécurité pour mieux connaître la vie et aimer son prochain. On apprend tout pour vivre et pour exister. Par la suite, l'école prend le relais.

J'ai beaucoup aimé ma famille, mes parents. J'ai éprouvé pour ma mère, quoique sévère, une grande admiration, elle travaillait dur pour nous élever et aider sa famille. Elle avait un caractère bien trempé, elle travaillait durement en menant de front l'éducation de ses filles, ses obligations ménagères et son travail. C'était l'époque où la femme était soumise. Ma mère cuisinait divinement et tout le monde en profitait. Le mari travaillait, mais c'est elle qui détenait néanmoins un certain pouvoir. Le père, dans une famille grecque traditionnelle, impose discipline et autorité à la mère et aux enfants, il travaillait pour nourrir sa famille.

Notre génération d'après-guerre commençait à s'émanciper. Les femmes s'échappaient peu à peu de la tutelle parentale pour faire leurs choix. Ce n'était pas toujours facile d'être une fille dans certaines familles. Pour se marier, elles devaient avoir une dot, mais cela n'empêchait pas les parents de « mettre leur grain de sel » dans le choix d'un mari. À l'école publique, en secondaire, les filles étaient séparées des garçons. Le quotidien n'était pas toujours simple. Nous avons survécu à la famine, à l'oppression de la guerre, à l'Occupation grâce à nos parents qui ont tout fait pour nous protéger et nous donner l'amour dont nous avions besoin en ces moments difficiles.

L'éducation d'une fille consistait essentiellement à savoir tenir un intérieur. Faire le ménage, broder, tricoter, s'occuper des enfants, du mari composait l'essentiel de sa vie. Quand elle travaillait à l'extérieur, elle était employée dans une maison bourgeoise ou, quand elle vivait à la campagne, elle s'occupait aussi des champs. C'est seulement en 1952 que la femme a obtenu le droit de vote limité aux élections législatives ! Avant cela, la femme avait des droits restreints. Une femme était destinée à faire des enfants. Pour ce faire, il fallait être mariée pour créer une famille. Pour les sorties avec un garçon de son âge, il fallait avoir l'autorisation du père et se fiancer d'abord. C'est dans cette culture que nous avons été élevés et celle-ci que nous devions transmettre à nos enfants.

La vie avait une discipline très stricte à laquelle nous avions pris l'habitude de nous plier. Puis il y avait ceux qui étaient bien décidés à changer la routine et cherchaient à se libérer des tabous de leur société. Ceux-ci sont devenus des symboles de leur époque. La Grèce n'est pas le seul pays où les femmes se sont battues comme des hommes, mais certaines Grecques avaient la liberté d'accomplir leur devoir de femme et de mère tout en travaillant hors de chez elles, à la campagne, dans les champs, ou à la ville. Personnellement, j'ai toujours admiré les femmes et les hommes qui se battaient, je les ai toujours idéalisés, peut-être parce que je voyais en eux les acteurs et actrices qui jouaient des rôles principaux dans les films que je regardais dans le cinéma de mon père. Je les transférais dans la réalité.

C'est aussi ainsi que je voyais ma propre mère. Elle m'a tellement appris, elle inspirait une telle confiance que j'ai appris à me sentir plus en sécurité avec les femmes et à avoir peur des hommes. À l'inverse, les femmes aussi m'ont fait confiance mais je ne sais pas trop pourquoi j'inspirais une telle confiance. Peut-être parce que les femmes, à cette époque, étaient en quête de liberté et elles pensaient la trouver grâce au travail, qui était jusqu'alors réservé aux hommes puisqu'il s'apparentait à un territoire hors de la maison. Il y a eu des femmes révolutionnaires, mais aussi des femmes de lettres, d'art, de toutes les catégories. J'ai toujours eu un grand respect et une profonde admiration pour ces égéries qui prenaient leur destin en main, qui cassaient les codes sociétaux pour s'affirmer et obtenir les mêmes droits, les mêmes devoirs et les mêmes possibilités que les hommes. Melina Mercouri était une de ces femmes extraordinaires en

Grèce, à cette époque, et d'autres ont suivi pour briser les tabous et exister au milieu de la gent masculine. La liberté de la femme, comme toute liberté, est fragile. Elle ne peut s'imposer, elle doit être appréciée, partagée, dans l'esprit social. J'ai admiré des femmes artistes de mon temps, comme Katina Paxinou, Maria Callas, Melina Mercouri, trois femmes grecques exceptionnelles, mais aussi d'autres femmes comme mère Teresa ou Simone Weil.

Ma fille Lénou

Ma fille Lénou est arrivée en 1970. Deux ans auparavant, j'étais enceinte de mon fils Nicolas, je chantais à l'Olympia en vedette et c'était l'année de ma consécration en France. Mes deux enfants ont partagé la scène, ont donc été bercés par mes tours de chant incessants avant qu'ils ne viennent au monde. Être enceinte ne m'a pas empêché de chanter et de mener toutes les obligations de ma carrière internationale à bien, même si j'ai eu beaucoup de problèmes avec ma voix lors de ma seconde grossesse.

Enceinte de Lénou, en 1970 donc, je faisais un show de six semaines à la BBC où j'ai reçu des artistes extraordinaires comme John Denver, Donovan, John Williams, Julian Bream, Olivia Newton-John et surtout la grande chanteuse de fado Amalia Rodrigues. Pendant le show, j'arborais des robes au style caftan pour cacher mes rondeurs, je les ai même gardées pour la tournée qui s'achevait au Royal Albert Hall.

Cette tournée était périlleuse. En effet, les vieux théâtres de cette époque n'étaient pas protégés des courants d'air, le chauffage était presque inexistant, il y régnait une humidité ambiante, terrible pour un chanteur. Je n'arrêtais pas d'être enrhumée et je m'entourais de tous les soins possibles pour ne pas que ça s'aggrave. Heureusement que, dans chaque ville, il y avait un oto-rhino. J'en consultais depuis mon plus jeune âge à cause de la fragilité d'une de mes cordes vocales, j'étais donc rassurée. Mais malgré toutes ces précautions, il m'est arrivé parfois d'annuler un spectacle et j'étais aussi triste que mon public. Cette tournée, qui a connu des moments difficiles, a tout de même été celle de mon bébé, de ma fille qui me protégeait, blottie dans mon ventre. Elle m'a accompagnée jusqu'en Irlande, un pays attachant mais, à l'époque, l'IRA se divisait et les méthodes employées par une partie de l'IRA étaient très violentes. Jim Aiken, mon promoteur irlandais, avait bouclé des concerts à Cork, Dublin et Belfast. Il m'accompagnait partout, de peur qu'il m'arrive quelque chose de grave, nous sommes donc partis avec sa voiture pour mieux passer les frontières obligatoires.

Par peur d'attentats, les portes du théâtre s'ouvraient trois heures avant, le contrôle pour tous était obligatoire. La salle ressemblait à un stade non chauffé, il faisait tellement froid que les musiciens avaient mis à l'intérieur de leur veste un pull et moi, je chantais enroulée dans une écharpe épaisse. Bien que les Irlandais soient un public extrêmement chaleureux, nous étions transis de froid.

Nous sommes rentrés tard et après une longue route, mais en arrivant à l'hôtel ce fut la surprise. J'ai cru me retrouver chez moi. Dans mon lit, une bouillotte chaude m'attendait et sur ma table de chevet était posée une tasse de lait chaud avec du miel. Les femmes de chambre avaient très gentiment préparé tout cela en attendant mon retour.

Deux jours après la fin de la tournée au Royal Albert Hall, je suis allée écouter le dernier concert de Simon et Garfunkel. Ce fut un concert mémorable. J'ai interprété beaucoup de leurs chansons. À cette époque, leur répertoire m'inspirait et je l'ai beaucoup et longtemps chanté. Ce fut également leur dernier concert ensemble, après celui-ci, ils se sont séparés pour suivre chacun leur chemin. Pour ma part, après le concert, je suis rentrée en Suisse pour mettre au monde ma petite fille.

Au moment où ma petite Lénou arrivait au monde, je venais d'être chanteuse numéro un, catégorie féminine, en Angleterre !

Fans : un amour sans frontières

J'ai toujours été très sensible à ces milliers de fans, d'une ferveur exceptionnelle, qui étaient capables de me suivre partout. Ce comportement relève probablement de la passion. Ils sont très vite devenus une famille internationale. Pendant des années, mes inconditionnels se sont habitués à me suivre. Au début de ma carrière, ils ont commencé par l'Europe et, petit à petit, ils m'ont suivie en allant de plus en plus loin. C'est attendrissant. Ils ont réussi à créer des liens d'amitié entre eux, aussi avec moi. Ils ont un sens de l'organisation exceptionnel et on a l'occasion de se retrouver tous, quelque part, de la Corée au Brésil, de la Nouvelle-Zélande au Canada, des États-Unis en Finlande, ou de la Grèce à Chypre. Les quatre points cardinaux n'ont pas de secret pour eux. Tout en partageant ma vie artistique, ils restent discrets, ils sont autour de moi, comme s'ils voulaient me protéger, et ont cette passion de mes chansons qu'ils connaissent par cœur et partagent avec moi les mêmes émotions, les mêmes sentiments. Ils vivent intégralement mon spectacle. Quand il est réussi, ils en sont fiers et heureux, quand il l'est moins, ils restent néanmoins fidèles et compréhensifs. Ils ne sont attentifs qu'à une seule chose, me voir heureuse sur scène. Je leur apporte du rêve, chacun s'identifie à mes chansons, mais chacun différemment.

Ce sont des amis de passage, mais on se fait confiance et cette fidélité qu'ils manifestent fait que je me sens toujours en sécurité. Savoir qu'ils sont dans la salle, assis aux meilleures places, me rassure quand les lumières s'éteignent et que le spectacle commence. Mais quelle responsabilité ?! Je ne dois jamais les décevoir. Chaque artiste a toujours beaucoup d'histoires à raconter sur ses fans. Moi aussi, j'en ai une kyrielle, j'en veux pour preuve une fête d'anniversaire qui m'a marquée. Pour mes 60 ans, à Atlantic City, au *Caesars Palace*, ou au Philharmonique de Berlin en novembre 2011, ils ont été là, des centaines de roses et d'albums photo de mes tournées à la main, m'entourant de leur attachement inconditionnel. Nombre d'entre eux gardaient chaque billet de concert, prenaient des photos des villes où je chantais et fabriquaient des carnets de voyage pour chaque ville, et me les offraient en guise de souvenir.

La foi : état d'esprit du cœur

La foi nous donne la force d'accepter l'inacceptable, quand les êtres que nous aimons nous quittent et que nous avons le sentiment du vide, de l'abandon, comme si l'amour partait avec eux. La foi, c'est le respect de l'esprit du bien, qui nous protège pour ne pas dépasser les limites du raisonnable et empêcher la liberté, la justice, le droit des autres. La foi sert aussi à comprendre que la souffrance fait partie d'une certaine expérience dans la vie et qu'elle peut intervenir auprès de tous, elle a une fin et il ne faut surtout pas l'imposer à d'autres. La foi, c'est la sensibilité de nos émotions, des différents moments que nous partageons avec les autres. La foi est diverse et sans fanatisme, chaque identité religieuse s'entend. Mes parents n'ont pas eu d'éducation scolaire. Ils ont grandi avec la foi, pour fonder leur vie et leur famille, l'église est ce lieu, pour apprendre à avoir la foi. Me rendre à l'église, pour moi, était une fête pour les chants liturgiques que j'entendais. Les fidèles partageaient cette foi lumineuse d'égalité et chacun de nous, à sa manière, ressentait sa propre liberté de l'âme. C'est grâce à la foi que notre nation a résisté pendant des siècles d'occupation, de pression et de souffrance ottomane. C'est la foi qui nous a donné la force de l'espoir.

Parmi les vestiges de cette époque, dans certaines de nos églises, certains rites se sont perpétués.

Par exemple, les balcons étaient réservés aux femmes et le parterre aux hommes. Mais nous, nous avons vécu le temps où cette division n'avait plus cours. Tous, nous étions ensemble.

La foi nous donne aussi la force de réaliser nos rêves, de croire en soi et à son travail.

Nos ancêtres polythéistes appliquaient parfois des méthodes païennes avec leurs sacrifices humains, comme dans les tragédies de Sophocle, *Antigone* ou *Œdipe roi*. Ils avaient imaginé un dieu fictif qui, à la dernière minute, sauvait la victime en mettant à sa place un mouton. C'était leur façon d'apaiser leur cœur d'humain pour cette injustice, en leur donnant ainsi l'espoir que la jeune fille qui était sauvée allait vivre avec les dieux immortels.

La fidélité, c'est comme la foi, on y croit, même si on est trahi. C'est une valeur que nous recherchons pour nous-mêmes. Elle est importante même si tout le monde ne lui accorde pas autant d'estime, nous sommes toujours gratifiés de la posséder comme valeur. Je suis fidèle. Je suis restée fidèle à ma famille, à mes amis, à mes enfants, à mon travail, et je suis même restée plus de soixante ans dans la même maison de disques.

G

Grèce : la fierté de mon identité

« La liberté ou la mort. Ma force, c'est l'amour de mon peuple. » Telle est la devise de la Grèce, mon pays. Comment ne pas m'y arrêter quelques instants ?

Ce merveilleux pays, béni des dieux, avec ses 450 îles au charme infini, dont tant d'écrivains sont éperdument tombés amoureux.

À juste titre, la Grèce antique est considérée comme le berceau de la civilisation occidentale et le berceau de la culture européenne. Rappelons que c'est dans ses cités que naquirent la démocratie, la philosophie, le théâtre. On estime souvent que les Grecs sont à l'origine d'une nouvelle manière d'appréhender le monde et qui met l'homme au cœur de leurs réflexions. L'art grec reste considéré comme un modèle de l'équilibre classique. La démocratie est mise en place à Athènes et elle occupe une place importante aussi bien sur le plan politique qu'artistique. C'est ainsi que s'est développée la tragédie. Et c'est seulement en 1830 que le premier État grec indépendant a vu le jour. Elle se libéra du joug ottoman après bien des drames, des malheurs, des blessures. Ce pays de génies, de beauté, d'une civilisation unique, doté d'une histoire divine et glorieuse, d'un peuple sincère qui a fait naître la philosophie, un peuple qui n'a pas su évoluer en même temps que son époque, qui n'a pas su se protéger et préserver son précieux héritage pour pouvoir évoluer et maintenir toutes les valeurs de notre histoire et continuer à les égrener pour en faire profiter les autres et récolter aussi les fruits de la liberté, de l'honnêteté, de la dignité et de l'égalité dont le monde a besoin. Mais nous avons été détruits par des guerres civiles ou des dictatures et, même aujourd'hui, la situation est fragile, et on dirait que nous avons peur de tirer les leçons du passé, même si nous ne sommes pas les seuls.

J'ai l'impression que le monde ne s'aime plus. Il y a des chances pour que cela dure, surtout si tout le monde ne pense qu'à se faire une place au soleil, et personne ne prend plus le temps de respecter son pays, son propre passé, son histoire et les êtres humains qui y vivent.

Pays meurtri très longtemps, trop longtemps, entre guerres et dictatures.

« Où que me porte mon voyage, la Grèce me blesse. » Merveilleuse phrase du grand poète Georges Seféris pour qui j'ai tant d'admiration. Premier poète grec à recevoir le prix Nobel de littérature en 1963. Il sut, tout au long de sa vie, rester fidèle à ses origines, à ses valeurs humanistes. Comme moi, il fut grec, mais de l'exil. Comme Claudel ou Saint-John Perse, il mena une double vie de poète et de diplomate. Dans ses poèmes se traduisent la douleur et la grandeur de la résurrection de l'histoire de la Grèce antique et contemporaine. Il prononça un émouvant discours à Stockholm en recevant le prix Nobel. Qui peut aussi bien que lui parler de notre pays, qui peut lui rendre un si bel hommage ?

Je vous livre juste ces quelques lignes, parce que c'est probablement lui qui traduit, mieux que quiconque, l'amour de son pays et les valeurs humanistes que chaque être humain devrait engranger dans sa mémoire. La Grèce ne fait que résister en espérant trouver une solution pour une sortie de crise plus noble.

« J'appartiens à un petit pays mais immense dans mon esprit et j'en suis fier. C'est un promontoire rocheux dans la Méditerranée qui n'a pour lui que sa beauté, l'effort de son peuple, la mer et la lumière du soleil. C'est un petit pays mais sa tradition est infinie. Ce qui la caractérise, c'est qu'elle s'est transmise à nous sans interruption. La langue grecque n'a jamais cessé d'être parlée. Elle a subi des altérations que subit toute chose vivante. Mais elle n'est marquée d'aucune faille. Ce qui caractérise encore cette tradition, c'est l'amour de l'humain : la justice est sa règle. Dans ce monde qui va en se rétrécissant, chacun de nous a besoin de tous les autres. Nous devons chercher l'homme partout où il se trouve. »

Aujourd'hui, la Grèce souffre, et la souffrance de son peuple est profonde. C'est injuste. La Grèce subit ce que d'autres pays subissent aussi à l'heure actuelle. La crise économique a entraîné la mise en place de maintes cures de rigueur avec des coupes drastiques sur les salaires et les retraites, ainsi qu'une litanie de taxes. La population, exsangue, a peur de l'avenir et l'État cherche à se réformer pour sortir de la spirale de la crise. Mais l'Europe devrait faire preuve de compréhension et laisser la Grèce respirer un peu pour qu'elle retrouve son équilibre.

Tout cela est vraiment dur. Pourtant, parfois, je me demande s'il ne faut pas traverser cette épreuve pour construire un avenir meilleur. S'il n'est pas important de passer par cette épreuve pour trouver une nouvelle inspiration et améliorer les systèmes vieillissants dont nous dépendons.

Par exemple, une mère qui donne vie à son enfant passe par cette douleur insupportable. Elle retrouve ensuite son équilibre et son enfant grandit dans un monde nouveau et plus serein. Le bébé, dans le cas de la Grèce, sera peut-être un système réformé. Nous sommes peut-être au cœur d'une période transitoire.

Le monde ne change pas fondamentalement mais il évolue. Dans son évolution nécessaire, on doit s'adapter à un mode de vie nouveau et, si possible, corriger, en même temps, et éviter les fautes commises, pour créer un monde plus juste à la faveur de chaque être humain et essentiellement pour la jeunesse et son avenir. Les mesures d'austérité infligées aux Grecs depuis 2010 peuvent paraître injustes et cruelles, les gens sont en plein désarroi et paniqués, et ainsi, ils perdent leur équilibre, la confiance en eux et l'amour du prochain. Chacun cherche avant tout à se sauver désespérément, et oublie, dans la panique, sa bienveillance. Mais quand il ne plane pas de menace de guerre, comme moi je l'ai vécu, on sait qu'il faut prendre patience pour sortir de cette épreuve dans les meilleures conditions. Je le dis souvent et je le pense : la tristesse et le chagrin sont proches du bonheur et de la joie. Si on n'a pas connu l'un, on ne peut apprécier l'autre. Les deux peuvent finir en larmes et les deux ont une fin. La Grèce a tout vécu et s'en est toujours sortie. Elle sait se surpasser et le fera cette fois encore.

La Grèce rime aussi avec Constantin Caramanlis

C'est vers la fin des années 1950 que j'ai rencontré Constantin Caramanlis. Il était un Premier ministre apprécié, puissant, plein d'énergie. Il aimait passionnément son pays, tenait ses promesses, et avait accompli sa mission dignement. Chéri par toutes les femmes, ma mère y compris, il était beau, marié avec Amalia, belle femme d'une gentillesse remarquable, intelligente et d'une simplicité désarmante, elle était issue d'une famille d'aristocrates. Ils formaient un beau couple que tout le monde appréciait, admirait et respectait.

La Grèce, c'est encore la mythologie

C'est une part importante de notre histoire. Les grands sages, dans l'Antiquité, expliquaient que, pour excuser les réactions capricieuses de la nature, surtout celles de la mer, ils les comparaient aux réactions humaines.

La mer bordant la Crète, appelée Kritiko Pelagos, est souvent très agitée. La tradition orale se perpétue encore, et elle explique encore les raisons pour lesquelles la mer était calme ou agitée. En effet, selon la légende, Alexandre le Grand avait une sœur sirène. Elle habitait les eaux profondes de la Crète et n'a jamais voulu admettre la mort de son frère. Alors, pour s'en convaincre, elle arrêtait les navires et d'une voix angoissée demandait : « Alexandre le Grand est-il ou non vivant ? » Si la réponse était « oui », elle se mettait à sourire et toute la mer souriait aussi. Si la réponse était « non », elle se mettait à trembler et pleurait tellement que la mer s'agitait, et les bateaux coulaient.

Nikos Gatsos : mon père spirituel

Comment, dans cet abécédaire, ne pas en dire un peu plus sur Nikos Gatsos ? Il a été mon père spirituel, mon Pygmalion, mon mentor. Il a publié le recueil de poèmes *Amorgos*, en pleine guerre, ce qui a été une étape déterminante de la poésie hellénique contemporaine. Après *Amorgos*, il n'a plus jamais voulu publier de recueil de ses poèmes, par souci de perfection. Pourtant, il écrivait sans arrêt. C'est la raison pour laquelle Agathi, sa compagne, a attendu son départ pour publier la plupart de ses œuvres.

Pendant longtemps, les gens ont débattu de son œuvre, mais il a rapidement été reconnu et admiré.

Il a publié d'autres œuvres, bien entendu, mais il a surtout commencé à se distinguer en écrivant des textes sur les musiques de Manos Hadjidakis. Tous deux aimaient la musique traditionnelle, leur langue et leur histoire. C'est ce duo qui a réussi à mettre une touche de poésie dans les chansons traditionnelles. Un nouveau style venait de naître. Cette étape a inauguré une des périodes les plus fécondes et riches de la chanson grecque, dont j'ai eu la chance de faire partie en interprétant ces magnifiques chansons. Très vite, tout le peuple grec entonna la chanson « Hartino to fengaraki » et, par la suite, « Me tin ellada karavokyri », ce qui signifie « La Grèce aux commandes du bateau », un texte sublime qui implore saint Nicolas, le saint protecteur des marins, de disperser sur toutes les mers des pétales de fleurs.

Ma vie aussi était, à l'image de la mer, parfois calme et sereine, parfois plus tempétueuse, et j'ai pu naviguer sans jamais perdre le rivage de mon pays, sans m'éloigner de mes racines, de ma culture, qui m'ont bercée depuis ma naissance, depuis mes premiers cris. La sagesse de nos poètes, l'amour que j'ai cherché dans toutes les chansons de Nikos Gatsos, je les ai hérités.

Elles sont devenues la première pierre pour construire mon répertoire que j'ai pu enrichir, par la suite, avec d'autres chansons, venues d'ailleurs.

Les mots choisis par Nikos Gatsos, ses pensées, ses écrits, ses poèmes, l'esprit qui anime ses chansons, ont constitué mon univers. C'est une partie, à part entière, de notre culture grecque et de la génération d'après-guerre, où le sentiment de générosité est inhérent à chaque être. Le plus démuni, comme le plus pauvre, possède cette valeur. Non, la Grèce n'est pas un pays guerrier. Ce n'est pas un pays qui entreprend et mène des guerres. C'est un pays qui a été, depuis son origine, occupé, déjà, au ve siècle, les Grecs sont obligés de repousser l'armée de l'empire Perse pendant les guerres médiques mais, malgré cela, c'est là que la Grèce connaît son âge d'or, grâce à certains penseurs qui proposent de nouvelles façons de voir le monde. Quand un pays est envahi comme la Grèce l'a été, l'action qui se met en place est la résistance. *Dum spiro, spero* (en latin, « Tant que je respire, j'espère »), ce que nous traduisons chez nous : « Tant que la Grèce respire, elle espère ».

Je ne me suis jamais remise de la disparition de Nikos Gatsos, mais je dois avouer que Jean-Claude Brialy, sans le savoir, comblait un certain vide laissé par Gatsos.

Nikos Gatsos, comme Mano Hadjidakis, ont ouvert ma route, tracé mon chemin, ils m'ont appris à être toujours en quête de vérité, de justice, de liberté et de respect à travers leurs chansons. Je les considérais comme mes parents spirituels.

Voici une lettre que Nikos Gatsos m'a écrite en 1985 et que je garde précieusement :

Cette fille est un bateau qui voyage. Cette étrange image s'est incrustée dans ma pensée quand j'ai vu et entendu Nana pour la première fois, il y a vingt ans, dans une boîte de nuit du bord de mer, à Athènes, chantant avec l'orchestre des chansons américaines.

Je ne savais pas qui elle était. Je ne connaissais pas son nom, mais sa voix et son visage sympathique et chaleureux se sont confondus avec l'image du navire qui voyageait et cette image est restée gravée longtemps dans ma mémoire.

Comment pouvais-je imaginer qu'un an plus tard je lui écrirais les paroles de sa première chanson en grec et par la suite toutes les paroles de toutes ses chansons qu'elle a chantées dans sa langue maternelle. Comment imaginer encore qu'une grande amitié allait me lier à elle depuis maintenant vingt ans, et qui continue d'être aussi vivace et intacte.

Salut le bateau Nana, qui vogue toujours vers de nouveaux océans. Je souhaite que les vents te soient toujours favorables et que les terres et mers inexplorées que tu rencontreras seront apprivoisées grâce à ta voix magique, à la sérénité et à la vérité que tu portes en toi.

Nikos Gatsos.

Garde-robe : se vêtir pour le plaisir

Une des premières responsabilités de mon amie Odile Hazan a été de s'occuper de ma garde-robe. Elle m'avait présentée à Per Spook, jeune styliste norvégien au grand talent, qui m'a habillée merveilleusement bien jusqu'aux années 1980. J'ai commis une infidélité parce que Belafonte avait insisté pour que je porte une robe ethnique, et Per Spook m'avait conseillé de m'adresser à Jean Dessès, qui était d'origine grecque, d'Alexandrie en Égypte. Jean Dessès était un grand couturier dont la renommée dépassait les frontières. Son travail était influencé par ses pérégrinations à travers le monde et largement influencé par les costumes traditionnels romains et égyptiens. Il maniait parfaitement le noir et la mousseline. Pour moi, il avait créé deux robes. Une, courte, de couleur bleue et blanche, pour la première partie de mon spectacle. Et une autre, de couleur bleu ciel, composée d'une jupe longue et d'un bustier en velours rouge, inspirée du style de notre première reine Amalia et, pour achever cette merveilleuse tenue, je portais des chaussures aussi en velours rouge.

Les tenues pour la scène, que ce soit théâtrale ou télévisuelle, sont devenues des éléments indispensables, non seulement pour le plaisir du public, mais aussi pour moi-même. Il faut se sentir à l'aise pour chanter en sécurité. Chacun peut le comprendre, même si l'on n'est pas devant une scène et devant un public, pour chaque femme, il est important de se sentir au mieux dans sa garde-robe. On est bien plus prête à affronter le regard extérieur.

Un jour où j'essayais des robes pour l'émission de télévision de Maritie et Gilbert Carpentier, j'ai rencontré Mine Barral Vergez. Une très célèbre costumière, vedette dans le milieu spectacle. Elle a habillé de nombreuses personnalités, aussi bien au cinéma, au théâtre, qu'à l'Opéra, au cirque ou au cabaret. Elle a créé son atelier en 1971 à Paris et a dessiné des robes pour un grand nombre d'artistes comme Barbara, Juliette Gréco, Dalida, Joséphine Baker, c'est elle qui s'occupait également des costumes de l'Opéra et elle continue toujours d'habiller les danseuses du Moulin Rouge, ou encore Zizi Jeanmaire. Depuis trente ans, nous ne nous sommes plus quittées, non seulement elle crée toutes mes robes, mais elle est devenue mon amie. C'est une confidente, elle est venue partager ma vie sur scène, elle venait souvent me retrouver aussi pendant mes tournées. C'est ainsi qu'elle a appris à me connaître et aussi comment j'évoluais dans mes robes pour mieux m'exprimer en sécurité. Elle percevait parfaitement dans quel style de robe je me trouvais au mieux pour évoluer sur scène et communier avec mon public, tout en restant fidèle à ma personnalité. J'ai toujours eu besoin de partager mes sentiments avec mes amis. En 2011, j'ai fêté les 50 ans de la naissance de ma chanson « Weisse Rosen aus Athen » (« Les roses blanches de Corfou »). À cette occasion, j'ai demandé à Jean-Paul Gaultier, que j'admirais depuis longtemps, de me créer trois robes : une blanche, une noire et une rouge.

Nous nous sommes produits à la Philharmonie de Berlin. Ce fut un spectacle inoubliable. À un moment donné, à ma grande surprise, mes fans ont fait irruption sur scène, chacun une rose à la main, en la déposant au bord de la scène. Au fur et à mesure qu'ils déposaient cette fleur, ils me regardaient dans les yeux, sourire aux lèvres, pendant que je continuais à chanter. Je devais retenir mon émotion, mais je ne pouvais contenir mes larmes. Quelle soirée ! Une soirée pleine de tendresse et de fidélité. Il est vrai que faire des tournées, passer des heures en avion, changer d'hôtel constamment, se retrouver aux quatre coins du monde, devoir être toujours au meilleur de sa forme sont parfois des contraintes éreintantes, mais quand je vois l'amour et la générosité de mon public, je me dis que vivre pour cela est une vie comblée.

Lors d'une soirée en hommage à Audrey Hepburn, au profit de sa fondation et de l'Unicef, à Genève, j'ai rencontré Stéphane Bern et Hubert de Givenchy, un créateur de haute couture française qui porte son nom. Il a eu des clientes renommées, mais sa muse fut incontestablement Audrey Hepburn, avec qui il était très ami jusqu'à ce qu'Audrey nous quitte, en 1993. Les tenues de l'actrice dans *Sabrina* ou *Comment voler un million de dollars* ont été parmi ses créations les plus enviées.

Toujours fidèle, ce grand monsieur, Hubert de Givenchy, aux côtés du fils d'Audrey Hepburn, Sean Ferrer, venu spécialement de Los Angeles. Stéphane Bern, ce présentateur amoureux de la Grèce, était le maître de cérémonie de cette soirée et moi, je devais chanter deux chansons parmi lesquelles « Moon river », chanson qu'Audrey Hepburn interprétait dans le film *Diamants sur canapé* (*Breakfast at Tiffany's*). Ce film, adapté du livre de Truman Capote, réalisé par Blake Edwards en 1961 a, sans conteste, donné à Audrey Hepburn le rôle le plus marquant de sa carrière.

Comme dans toutes ces manifestations, un grand dîner est toujours organisé et, à la fin, le moment arrive pour passer à la vente aux enchères. Parmi les objets qui étaient présentés, le plus précieux était cette magnifique robe d'Audrey Hepburn créée par Givenchy, justement pour ce film. Là se joua un drôle de scénario. Curieusement, son prix, qui avait débuté à 2 500 francs, est arrivé avec beaucoup de difficultés aux 5 000 francs. L'enchère allait être adjugée. J'ai alors instinctivement levé la main pour renchérir à 7 000 et puis, mystérieusement, depuis une table qui se trouvait devant le petit podium, les enchères ont commencé à grimper fortement et s'est engagée une vraie bataille entre cette table et moi. Une partie de ping-pong âpre mais très chic.

Les invités en étaient tous heureux, ils applaudissaient à chaque fois que le prix s'envolait. Quelque s'exprime avec une variation de styles, de rythmes, de cultures qui lui donnent le moyen de se renouveler et de s'étendre partout ; la musique n'a pas de frontière, elle est le vecteur de l'harmonie universelle.

La musique existe, avec ou sans paroles, grâce aux interprètes, aux instruments ou à la voix. Un monde sans musique pour moi serait invivable. Depuis de nombreuses années, elle est aussi devenue messagère de l'expression de la vie sociale ou politique qui communique à travers le monde. Elle peut se révéler être une véritable communion entre tous les peuples, de leur jeunesse, tant elle est capable de véhiculer des émotions et tant elle est capable de transmettre un message d'humanité, de paix et de tolérance.

Quincy Jones et Harry Belafonte, mes deux premiers amis américains du monde de la musique, étaient et restent fidèles défenseurs des droits de l'homme. Belafonte, un pacifiste, était un ami et un disciple de Martin Luther King. Martin Luther King, ce militant non violent, assassiné en 1968, combattant pour les droits civiques des Noirs aux États-Unis, pour la paix, et contre la pauvreté et la discrimination. Il fut le plus jeune lauréat du prix Nobel de la paix, en 1964, pour sa lutte contre la ségrégation raciale qui sévissait à cette époque.

Harry le suivait partout et en était fier. Sur scène, il prenait le temps de toujours en parler, de le soutenir et, pour défendre cette cause noble de non-violence, il luttait contre l'esclavage, l'injustice et pour l'égalité et la dignité non seulement du peuple noir mais peu fatiguée par cette lutte, j'ai misé jusqu'à 20 000, prête à abandonner, quand j'ai entendu la dernière offre qui s'élevait à 25 000, et j'étais autant soulagée que ravie de voir au final cette robe obtenir un prix intéressant pour la fondation.

Son fils Sean est venu me remercier. André et mes enfants étaient tout autant épuisés que moi. J'avais dû me forcer, ne pensant qu'à la bonne cause, parce que s'il y a bien une chose que je ne supporte pas, c'est de me faire remarquer. Quand le chèque a été établi au nom de la fondation, la dame de la table qui a acquis la robe est venue vers moi, elle s'adressait à moi avec ironie et condescendance en me demandant pourquoi je m'étais amusée à monter les enchères, en me jetant une dernière phrase des plus assassines: «Vous ne pouvez pas la porter, cette robe.» Je lui répliquai que certes, je ne pouvais pas la porter mais que je souhaitais la rendre à la fondation pour pouvoir récolter plus d'argent à la prochaine vente. Plus tard, j'ai su que cette dame avait essayé la robe, la veille, et qu'elle voulait la porter. Encore une fois, les valeurs n'ont pas le même sens pour tous.

H

Humanité : les vertus réunies

L'humanité est un sentiment merveille en étant fragile. C'est une émotion profor chant l'esprit et faisant vibrer le cœur de ch nous. On peut en hériter, par notre culture, faut l'avoir côtoyée dans son entourage pour lopper et sentir son influence.

La musique, à ce titre-là, garde une place dérante. Personnellement, le sens de l'hu m'est venu grâce à la sensibilité musicale. C'es d'inspirations diverses. C'est l'expression orale émotions qui raconte notre histoire, nos tra notre identité.

La musique est très ancienne, puisqu'on remonter à la préhistoire. C'est une myriade longues histoires selon les cultures et les civilis C'est un patrimoine culturel extraordinair divers et varié. Mais la musique dans sa ri également du peuple indien. La musique afro-américaine était devenue la courroie de transmission pour exprimer leurs douleurs, leurs souffrances. Elle traduisait une révolte non violente contre l'injustice, le manque d'humanité, de dignité qu'ils subissaient. Cette musique, des plus poignantes et émouvantes, a été entendue jusqu'à l'autre bout du monde.

Nous vivions aussi à une époque où les jeunes Blancs ne vivaient qu'au rythme de la musique folk-rock dès leur réveil. Certains artistes, comme Bob Dylan, Joan Baez, Pete Seeger, sont arrivés de Greenwich Village pour soutenir la lutte de Martin Luther King et continuer le combat, même après l'assassinat de ce dernier. Bob Dylan entrait dans la légende comme une figure majeure de la musique populaire, certaines de ses chansons comme « Blowin' in the wind » sont devenues des hymnes antiguerre, en particulier celle du Vietnam. C'est Joan Baez, une autre voix des années 1960 et 1970, celle que l'on surnommait « la madone des pauvres gens », qui a imposé les chansons de Bob Dylan au monde entier. C'était une artiste engagée contre la guerre et pour la justice, elle est aussi une amie de Martin Luther King. Elle est devenue ma première idole de la musique folk, j'admirais énormément sa voix et j'ai souvent fait mien son répertoire. Par la suite, nous sommes devenues amies. Enfin, Pete Seeger était aussi un pionnier de la musique folk, un musicien exceptionnel qui se tenait aux côtés de Joan Baez et Bob Dylan pour défendre les mêmes causes.

À la même époque, en 1969, il y a eu Woodstock. Pour les plus jeunes, rappelons que c'était un festival de musique, qui était un rassemblement emblématique de la culture hippie des années 1960 aussi. Il a accueilli un demi-million de personnes, c'est un des plus grands moments de l'histoire de la musique populaire, classé par le magazine *Rolling Stone* parmi les cinquante moments qui ont changé l'histoire du rock and roll. Plusieurs morceaux joués pendant cet événement sont devenus légendaires. Ces trois jours de paix et de musique étaient le point de la contre-culture et de l'anticapitalisme pacifiste. Woodstock est resté dans tous les esprits, et dans le mien, comme un événement musical et historique à la fois. Moi-même, j'ai évolué à cette époque.

J'avais à peine quitté Athènes et venais de m'installer en France car j'avais commencé à avoir quelques engagements sur des concerts, mais c'était timide. En 1963, je participai au concours international de l'Eurovision puis à des événements influents comme la fête de l'Humanité. Je devais participer à la fête de l'Humanité quand Roland Ribet, mon impresario, m'apprend que j'étais invitée par le roi et la reine du Danemark. En effet, le jeune roi Constantin venait de se fiancer à la princesse Anne-Marie, il devait alors aller la chercher pour revenir avec elle en Grèce. Les souverains souhaitaient donc organiser une soirée d'adieu au palais de Copenhague pour cet événement. J'y suis allée, un peu inquiète, bien que ce ne soit pas la première fois que je chantais dans un palais royal. L'année précédente,

Roland Ribet avait organisé un concert où je chantais avec d'autres artistes en l'honneur du chah d'Iran et de la princesse Farah Diba ; pour leur première visite officielle, ils étaient reçus par le général de Gaulle. J'avais gardé un souvenir tendre de la jeune chahbanou, puis nous nous sommes croisées lors d'autres événements.

Le roi et la reine étaient d'une gentillesse et d'une simplicité désarmantes, ils m'écoutaient chanter avec attention et plaisir. Tous les jeunes m'entouraient, assis par terre, simplement. J'avais opté pour les plus belles chansons grecques de mon répertoire, et j'avais terminé mon spectacle avec « Over the rainbow ».

La veille de cette soirée, j'avais déjà eu l'occasion de chanter en plein air, au Tivoli Garden, ce parc célèbre de Copenhague où ont lieu des soirées pleines d'attractions et des concerts avec des artistes du monde entier.

Dès le lendemain de cette soirée royale, en avion privé, je suis partie pour chanter à temps à la fête de l'Humanité. Je me suis retrouvée seule avec mon pianiste, devant un public tout aussi enthousiaste. Assis également, mais cette fois-ci sur l'herbe du parc de la Courneuve !

Mes chansons n'ont jamais eu de frontières, ni géographiques, ni sociales, ni de barrières linguistiques. La musique possède sa propre langue, celle du cœur qui vibre d'émotions. On dit souvent qu'« aimer la musique, c'est se garantir un quart de son bonheur », et j'y souscris, même si, pour moi, la musique est mon bonheur absolu.

Hazan : mon Pygmalion

Louis Hazan a été le premier producteur à me remarquer et à avoir cru en moi. Il m'a donné la possibilité de venir en France, d'y enregistrer mon premier disque, et d'aller ensuite à la rencontre d'autres pays où j'ai suivi ses conseils.

Louis Hazan m'a beaucoup appris. Non seulement il est devenu un ami, mais un ami cher. Sa femme, Odile, quant à elle, est une véritable amie, une deuxième sœur. Louis Hazan m'a ouvert une porte, que j'ai franchie, qui m'a permis d'apprendre et de devenir la chanteuse que je suis. Je me souviens. Il m'avait amenée à l'Olympia la première fois, écouter Piaf. À la fin du spectacle, j'étais bouleversée, émue, secouée. J'ai dit à Louis que j'allais rentrer chez moi parce que, quand on a la chance d'écouter Piaf, on n'a pas le droit de se produire sur la même scène qu'elle. « Tu verras, me dit Louis Hazan, tu apprendras et tu deviendras une chanteuse différente mais tout aussi talentueuse. »

Louis Hazan a d'abord été le directeur du label Fontana, il en est devenu par la suite directeur général. C'était un homme brillant, un directeur estimé et respecté, non seulement en France mais aussi à l'étranger. Il savait choisir son équipe, il l'appréciait et l'admirait.

Au début, il m'amenait partout voir des spectacles, écouter des artistes pour mieux m'imprégner du métier, ce qui était nécessaire pour me former. Odile, devenue ma grande sœur, avait trouvé un merveilleux médecin qui m'a beaucoup aidée à maigrir, c'était le docteur Herzberg. J'ai su plus tard que c'était lui qui avait fait maigrir ma grande idole Maria Callas.

À cette époque-là, Louis Hazan a commencé à chercher un directeur artistique à qui me confier. J'en ai eu trois différents. Le quatrième était André Chapelle avec qui j'ai connu mes premiers succès comme « Les parapluies de Cherbourg », « L'enfant au tambour », « Adieu Angélina ». André Chapelle a été mon directeur artistique en France et puis un peu partout, par la suite, il est devenu un ami et, après mon divorce, mon compagnon et, depuis 2002, il est mon mari.

Héritage : fidélité à nos valeurs

L'héritage reçu par un peuple est la richesse de sa culture, de ses valeurs et de son histoire. Celle qui définit son identité mais aussi la langue, la foi, la musique, et ce sont ses racines culturelles qui constituent toute existence humaine.

La musique est une source immense d'inspiration, d'émotions profondes. Ce sont ses sources qui nourrissent les racines de toutes les cultures par leur diversité et leurs émotions se transformant en sensibilité. C'est de par cette inspiration que souvent un artiste s'exprime avec sa propre liberté, son humilité, pour définir son identité, et atteindre l'harmonie.

Quincy Jones et Harry Belafonte sont toujours fidèles à l'héritage légué par leurs origines. Bien que cet héritage ne fût pas des plus heureux, ils en étaient fiers. À travers la musique, ils retrouvaient la force de redonner espoir pour eux-mêmes et pour leur peuple, pour qu'il soit enfin libre de s'exprimer avec amour.

Je pense toujours que ce sont nos héritages culturels qui nous ont rapprochés. Car je suis aussi issue d'un peuple qui a souffert mais qui a su conquérir sa liberté !

Harry était proche de Martin Luther King. Il militait pacifiquement à ses côtés dans sa lutte pour les droits civiques des Noirs aux États-Unis, pour la paix, et contre la ségrégation raciale qui sévissait à cette époque dans le pays. Il avait le même rêve que Martin Luther King. Au-delà des États-Unis, les années 1960 étaient une époque en perpétuelle évolution, où l'on souhaitait un monde meilleur en recherchant la liberté, l'amour, et les premiers balbutiements de l'indépendance féminine naissaient.

Il est triste de constater que le monde ne donne plus autant d'importance à l'écoute. Il se laisse guider sans rechercher.

Humilité : un monde, tout simplement

L'humilité est considérée comme un trait de caractère ayant une grande valeur dans l'échelle des sentiments.

Elle tient une présence importante dans l'univers de l'humanité, on apprend à vivre avec comme avec la dignité.

Je ne sais pas pourquoi cette valeur ne tient pas plus de place en général. Pour moi, l'humilité est essentielle et morale et le monde a tendance à la perdre aujourd'hui, à l'heure de la mondialisation, tout comme se perd le sens de l'égalité.

Je pense que même si un élève est brillant, son professeur le sera toujours plus et l'humilité consiste à le reconnaître, et à manifester du respect, ne jamais se sentir victorieux mais seulement accepter la valeur de l'autre. L'humilité, pour moi, est l'une des plus belles qualités de l'être humain, c'est celle qui ouvre les clés du savoir, de la sérénité et de l'épanouissement. C'est un sentiment totalement opposé à l'orgueil. Cette valeur noble est en train de disparaître dans un monde qui a tout, mais ne peut rien apprécier à sa juste valeur. L'humilité, c'est, je pense, l'une de mes caractéristiques. Je ne l'ai pas choisie, mais je l'ai acquise avec le temps, mon vécu, et avec une prise de conscience de ma place au sein des autres. Je m'explique : j'ai toujours considéré que j'avais énormément de chance d'avoir atteint mon rêve. Il est vrai que je n'ai pas épargné ma peine, que je me suis beaucoup battue pour arriver là où je suis arrivée, mais je considère que d'autres également ont peut-être surmonté les mêmes obstacles sans y arriver.

C'est peut-être pour cela et aussi, peut-être, à cause de ma timidité que j'ai su rester humble.

J'appréhende tout ce qui m'arrive avec humilité. Je n'ai jamais voulu non plus y arriver coûte que coûte. Mon ambition première et mon bonheur étaient de chanter et surtout de donner du plaisir à ceux qui venaient m'écouter et à ceux qui pouvaient s'identifier à certaines de mes chansons.

Je respectais même les notes avec humilité parce que la musique est grandiose, et ma récompense était celle d'être à la hauteur des attentes formulées par mon public. Les applaudissements qui s'ensuivaient et qui me prouvaient que, cette fois-ci encore, j'étais acceptée. La prochaine fois est encore un autre combat. Il faut recommencer. L'humilité, c'est aussi d'avoir les pieds sur terre, c'est la façon aussi dont l'on se voit de manière réaliste. On peut aussi avoir des visions déformées par l'orgueil, l'égocentrisme, tout le contraire de l'humilité. L'humilité, c'est aussi accepter que nous ne sommes pas maîtres de l'univers, le Dieu tout-puissant, car, dans quelque discipline que ce soit, il y aura toujours quelqu'un qui sera devant nous. Ce qui n'empêche pas de poursuivre des efforts afin de pouvoir se dépasser et faire du mieux que l'on peut.

I

International : un monde si petit et si grand à la fois

Je n'ai jamais aimé me vanter. Mais j'ai commencé en Grèce en 1955, où j'ai connu mes premiers succès. J'ai rêvé d'être de plain-pied dans la vie, en m'intéressant à ce qui est différent, pour mieux évoluer, et pour rester fidèle à ma vocation.

Cinquante-trois ans dans le monde de la chanson. J'ai eu énormément de chance d'explorer sérieusement cinq continents et une multitude de cultures, avec chacune leur diversité, et qui, au fond, sont liées par leurs valeurs.

Grâce à la musique, j'ai franchi toutes ces frontières.

C'est l'amour de celle-ci et sa diversité, c'est cette curiosité de connaître un peu plus cette source immense qu'apportent toutes les musiques et qui m'ont inspirée pour chanter.

J'ai voulu appréhender différentes expériences, puisées ailleurs que dans celles de mon pays, et qui sont néanmoins liées aux miennes. J'ai toujours eu la même discipline, le même respect, le même désir de connaître la langue et la culture de chaque pays pour respecter le public qui venait m'écouter.

Je ne connais pas d'artistes qui ont recommencé leur carrière cinq fois, de A à Z comme l'alphabet, qui ont appris non seulement la langue, mais ont pénétré dans la famille musicale de chaque pays. C'est pour moi une façon, grâce à l'art musical, d'ouvrir d'autres horizons, d'autres frontières qui amènent liberté, amour, tolérance en même temps et une sensation d'être comprise chez moi.

Je me suis toujours intéressée à l'histoire musicale, à sa tradition et à la vie. J'ai toujours voulu comprendre comment ces pays pouvaient évoluer vers de nouveaux horizons, de nouvelles frontières, et comment la musique aussi évoluait et traduisait le rêve de liberté, d'amour, de compréhension et d'entente avec les autres. La musique est un langage universel.

Quand on vient d'un pays francophone, anglophone, on peut toujours être entendu par le plus grand nombre. Mais avec le grec, ma langue, c'est moins facile. Il faut dire qu'on rencontre des Grecs partout dans le monde. Et pour cause, après les deux guerres mondiales, la Grèce offrait peu de possibilités professionnelles à ses enfants, et ils se sont mis à émigrer en Amérique, en Australie et au Canada. En prime, nous considérions ces pays comme étant nos libérateurs.

Mais moi, je n'ai jamais pensé que, un jour, je quitterais mon pays.

J'étais déjà heureuse d'avoir fait le Conservatoire, de chanter, d'avoir des amis exceptionnels, m'écrivant des chansons aux textes d'une grande qualité et qui me guidaient dans la vie avec de vraies valeurs : vérité, liberté, dignité, respect ont forgé mon identité grecque.

Lorsqu'un jour, Louis Hazan m'a proposé de venir à Paris, j'ai accepté, je n'avais rien à perdre, seulement à apprendre. J'ignorais quoi, car la chanson n'était pas une profession, je ne pouvais imaginer annoncer à ma famille et à mes proches que mon métier était celui de chanteuse. Mais j'ai évolué, je suis devenue une chanteuse professionnelle sans jamais perdre mon âme. C'était l'important et c'est peut-être le secret de ma réussite inattendue. Réaliser un rêve n'est pas toujours possible.

Louis Hazan et Odile, son épouse, sont ainsi devenus mes premiers amis à Paris. Je dois plutôt dire ma famille, car je suis devenue la petite sœur qui se lançait dans le métier en France mais aussi sur les scènes internationales.

Quand Louis Hazan a compris le succès que j'avais en Allemagne, Scandinavie, Hollande, Italie, Luxembourg, Espagne, puis face à l'enthousiasme de Quincy Jones aux États-Unis, il a décidé que je devais devenir une artiste internationale, tout en étant nationale. Sa stratégie consistait à ce que je m'adapte aux langues, aux cultures musicales, et à chanter dans la forme musicale de chaque pays.

J'ai suivi ses conseils, je les ai aussi suivis par goût, parce que j'avais toujours de la joie à recommencer à chaque fois, à m'adapter et à servir une nouvelle école.

Mais c'est l'Angleterre qui m'a apporté la reconnaissance internationale en toute élégance.

Je suis une artiste internationale, mais différente des autres. Je respecte énormément le monde artistique national, international, mais pour moi c'était autre chose. Je possédais une double identité, et non seulement une identité nationale et internationale dans plusieurs pays.

On peut être français, anglais, espagnol ou allemand pour aller au bout du monde dans sa langue maternelle mais, il y a cinquante ans, chanter en grec n'était pas évident.

Comme chanteuse, je me suis identifiée à chacun des pays que j'ai dû traverser. Je me sens capable d'appartenir à une communauté nationale, à différents pays, aussi bien en France, en Allemagne, au Canada, aux États-Unis qu'en Espagne. Je me suis toujours impliquée totalement dans chaque pays. À l'époque de mes débuts, j'ai commencé à chanter de la musique sud-américaine, qui était très populaire et qui l'est devenue de plus en plus, car je retrouvais mes racines grecques. J'ai réussi également à chanter en français, anglais, espagnol.

Mais le plus important pour moi, c'est que je crois être devenue la plus aimée des chanteuses internationales à l'instar d'une maman, d'une sœur. De tous les pays dans lesquels j'ai chanté et appris la langue, tous sont devenus mes pays d'adoption. Mais je suis également très lucide, j'ai compris que tout avait une fin.

Impossible : exclu de mon vocabulaire

Il y a un dicton français qui dit « impossible n'est pas français », et moi, j'ajoute « impossible n'est pas international ». Chacun de nous, quand il aspire à réaliser son objectif, doit et peut faire l'effort pour réussir. Il faut y mettre tout notre cœur et notre courage pour trouver cette force qui nous permettra d'atteindre ce but. Le mot « impossible » n'a jamais été de mon vocabulaire. Pour moi comme pour d'autres artistes. Il suffit d'avoir la santé et tout est possible. On peut tout faire et, quand je dis tout, je veux dire même soulever des montagnes. Je pense à Maria Callas, en Grèce, à qui on reconnaissait une belle voix, mais qui était grosse. Généralement, on pense que les artistes sur scène doivent être minces pour réussir. À force de volonté, Maria Callas a maigri. Elle est même devenue la plus belle femme du milieu et la meilleure cantatrice du monde de son époque. On l'appelait la « Diva ». Et Maria Callas n'a jamais perdu son identité.

L'identité fait partie intégrante de nos précieuses valeurs. On doit la garder consciencieusement en l'enrichissant, pour s'adapter dans un monde qui se mondialise malheureusement très vite et pas toujours dans le bon sens.

Les Beatles n'ont jamais troqué leur identité. Pour leur premier disque, devenu un énorme succès, les Américains n'avaient pas voulu le sortir sur leur marché car ils pensaient que ce genre de musique n'était pas adapté à leurs goûts. Les Beatles ont décidé de le sortir dans une autre maison de disques plus petite et, dès le lendemain, c'était la consécration, ils ont été « numéro un » mondial.

Un jour, à New York, je me trouvais dans l'un des bureaux de PolyGram et j'ai vu une affiche d'Andrea Bocelli sur laquelle il y avait un bandeau où il était inscrit « mission impossible ». Cette affiche m'a interpellée. L'ayant entendu chanter, je n'étais pas d'accord avec ce jugement. Alors je leur ai dit : « Vous verrez... »

Un mois plus tard, il était numéro un aux États-Unis, il avait suffi que la maison de disques fasse son travail.

Chaque être naît avec son identité propre. Nous lui devons beaucoup. C'est à partir de ça que tout commence. Je me souviens d'Amalia Rodriguez, chanteuse portugaise, d'Oum Kalthoum, une des plus grandes chanteuses dans le monde arabe. On pouvait les reconnaître, non seulement par la différence de l'interprétation, mais surtout par leur identité propre.

J'ai moi-même une anecdote qui m'a touchée personnellement et que je n'ai jamais oubliée. Pendant que j'enregistrais la chanson « Coucouroucoucou paloma » au studio Marble Arch, à Londres, en compagnie d'André, mon producteur, Louis Hazan était venu nous voir avec son homologue anglais. Tous deux étaient dans la cabine du son et nous suivaient. Au bout d'un moment, je suis entrée dans la cabine pour écouter une prise. André faisait quelques corrections et, en retournant au studio, j'ai entendu le directeur anglais lui glisser : « Je ne peux pas comprendre pourquoi tu perds ton temps et ton argent avec cette fille, elle ne fera jamais carrière dans ce pays avec son accent. » Je suis retournée au micro sans réagir.

Un an plus tard, Louis Hazan a reçu la visite du nouveau directeur anglais de la maison de disques. Il s'appelait Olaf Wiper. Ses premiers mots à Louis Hazan étaient : « Cette chanteuse, Nana, avec ses lunettes, m'intéresse beaucoup. J'ai une liste de ses chansons en français, grec et allemand, je souhaite qu'elle les enregistre en anglais dans un album pour notre propre marché. » Cet album s'appelait *The Exquisite*. C'était le début d'une longue histoire d'amour avec l'Angleterre, l'Irlande, l'Australie et la Nouvelle-Zélande. Ma carrière au Canada et aux États-Unis avait déjà commencé grâce aux spectacles.

Le mot « impossible » n'est pas Nana, je veux simplement dire par là que rien n'est facile dans la vie.

J

Julio Iglesias : de l'admiration à l'amitié

J'ai rencontré Julio Iglesias pour la première fois au studio 102 de la Maison de la radio à Paris. Je venais de terminer ma répétition et j'étais en train de sortir du studio quand, face à moi, je vois arriver un homme charmant, beau et qui, avec un grand sourire, m'ouvre les bras. Je suis allée vers lui comme hypnotisée et fascinée en oubliant ma timidité et ma réserve naturelle. Sa présence écrasante et son charisme agissaient si puissamment que j'avais l'impression de le connaître depuis toujours.

« *Eres una cantante maravillosa, te adoro* », me dit-il en me serrant dans ses bras ! Il possédait ce regard doux, plein de tendresse, une voix si aimante que je craquais. Depuis son premier grand succès, « Manuela », je l'adorais aussi, sans jamais auparavant l'avoir rencontré.

Quel chanteur ! Aimé par tous, hommes, femmes, enfants, et les aimant tout autant.

Un homme fidèle, aussi bien dans sa vie, dans sa musique, avec ses amis, ses fans et surtout sa famille. Nous nous sommes très souvent rencontrés un peu partout à travers le monde, à Londres, en Allemagne et bien sûr à Paris. Nous avons chanté des duos uniques, car nos cultures musicales se ressemblent. Sa manière de chanter, si sincère, et le choix de son répertoire font l'unanimité. Il est d'une profonde tendresse et sa voix est irrésistible.

Depuis notre première rencontre, et pendant des années, nous nous sommes retrouvés dans des studios, il m'invitait dans toutes ses émissions comme je le faisais également, nous avons souvent chanté des duos comme « Coucouroucoucou paloma », « Guantanamera ». C'est un vrai sentimental et il ne triche pas.

À Hambourg, un jour, nous devions chanter « Coucouroucoucou paloma », que j'aime beaucoup, j'avais appris cette chanson en allant pour la première fois au Mexique. C'est comme un grand cri d'amour, mais Julio la chante avec une douce et tendre mélancolie. Juste avant de commencer à chanter, il me dit : « Je suis heureux de chanter avec toi », et j'ai pu lui répondre, émue : « Moi aussi. » Quand les premières notes sont sorties, je me suis sentie plus amoureuse que jamais avec le mélange de nos deux voix.

C'était sublime, et à chaque fois que je chantais avec lui, je m'accordais à suivre ses mots et à les respirer de la même manière.

Quand nous avons, plus tard, enregistré un duo sur disque aux États-Unis, « A return to love », à New York, puis enregistré la version espagnole à Miami, « Se que volveras », le soir, il dit à André, mon mari : « Tu sais, Nana est une Julio femme. » Et c'est le compliment le plus beau qu'on m'ait fait, tellement je l'apprécie et l'admire comme chanteur. Il m'inspire. Notre amitié est très particulière, même si nous restons un long moment sans se voir, à nos retrouvailles, on a l'impression que l'on s'est quittés la veille.

Il y a quelques années, nous nous sommes retrouvés à Punta Cana, chez lui. J'étais invitée par le président de la République dominicaine et par la première dame pour deux spectacles, au profit des hôpitaux d'enfants haïtiens. La première dame s'en occupait avec beaucoup d'amour, elle était très active pour le développement de l'éducation, de la santé de la population. Elle s'en occupait personnellement, même si elle était aidée par l'Unicef.

J'en ai profité, étant sur place, pour visiter les projets de l'Unicef.

Julio, en dehors de sa maison à Miami, possède également à Punta Cana une maison d'été absolument magnifique, à côté de celle de son délicieux ami, le couturier Oscar de la Renta. Tous deux étaient présents à la soirée du président, et le lendemain Julio nous a invités chez lui.

Pour ce voyage, dans ce pays magnifique, j'avais convié mon ami Jean-Claude Brialy, Bruno Finck, son ami, André bien sûr était là, ainsi que Elke, ma manager.

Nous sommes tous allés passer la journée chez Julio. C'était un endroit idyllique. Les deux maisons, celle d'Oscar de la Renta et celle de Julio, étaient très proches. Leurs jardins aux plantes et arbres exotiques communiquaient, mais il fallait une voiture électrique pour traverser. Ils n'avaient pas instauré de barrières, ni aucune frontière.

Nous nous sommes d'abord arrêtés chez Oscar. Devant sa maison, il y avait une superbe piscine en coquillages qui faisait penser à une barque voguant sur l'océan. Nous avions l'impression qu'elle se dressait devant nous et s'éloignait dans son immensité calme pour rejoindre l'horizon ensoleillé. Nous avons déjeuné et passé un délicieux après-midi avec Julio, sa famille, Oscar et nous tous.

Il nous racontait des tas d'histoires, comment il se reposait dans son avion privé après chaque concert, car il avait besoin de rentrer chez lui et de se sentir entouré des siens.

Julio, dans sa vie comme sur scène, est un homme sensible, fidèle et généreux. Il donne tout, mais lui-même a le goût du bonheur. Sa réussite est parfaite, il vit en pleine harmonie.

Nous sommes partis tard, à l'heure du coucher de soleil, ravis de cette magnifique journée, heureux de son accueil. Au moment de nous dire au revoir, il n'a pas oublié de répéter que, décidément, j'étais une Julio au féminin, comme chanteuse.

C'est un ami très cher, et même si nous ne nous voyons que peu, je le respecte et l'aime énormément. Je pense à lui, il a toujours été avec moi présent et sincère. En cinquante-cinq ans de carrière, j'ai connu des jours de gloire, des jours de chagrin, des jours heureux et moins heureux. Et pourtant, il me semble que je n'ai pas encore tout et assez appris. Dans le panthéon de mes souvenirs de jeunesse, il y a des amis de toujours, des amis merveilleux qui m'ont appris à être ce que je suis.

J'ai grandi avec ce besoin viscéral de chercher, sans arrêt, la justice et l'amour. Je n'aime pas le compromis pour obtenir une faveur, sauf quand il s'agit de rendre justice, ou d'obtenir la paix, ou quand il s'agit d'enfants qui souffrent, ou quand des hommes sont abandonnés.

Je n'ai rien demandé et pourtant j'ai beaucoup reçu, et j'ai appris à apprécier. J'ai énormément de gratitude et de reconnaissance pour le bien que la vie m'a offert. J'ai appris aussi à ne plus souffrir du mal qu'on peut me faire, et à me dire que ce sont ceux qui m'en font qui doivent souffrir. Mais les gens, hélas, ne veulent jamais reconnaître leurs responsabilités et les rejettent sur les autres.

Nikos Gatsos avait soif de justice, il avait d'ailleurs de grands débats à ce sujet avec Manos Hadjidakis chez *Floca*, grand café qui se situait sur l'avenue principale d'Athènes qui reliait Syntagma à Omonia. Je passais des heures à les écouter, c'était comme une partie d'échecs. La conversation était des plus enrichissantes, et profondément respectueuse. Chacun écoutait l'autre. Chacun faisait son choix dans la pure tradition démocratique.

Ni Nikos ni Manos n'étaient mariés, et la plupart des amis qui se joignaient à nous étaient célibataires. Peut-être par amour de la haute idée qu'ils se faisaient de la liberté ?

Vers 13 ou 14 heures, nous nous retrouvions tous chez *Floca*, avec aussi le peintre Yannis Tsarouchis, les cinéastes Michael Cacoyannis, George Koundouros, l'acteur Dimitri Horn ainsi qu'Odysseas Elytis, et beaucoup d'autres comme Georgios Lefentarios.

Plus tard, se sont joints le compositeur Theodorakis, le grand poète Yannis Ritsos, et l'écrivain Vassilis Vassilikos, rendu célèbre grâce au film *Z*, porté à l'écran par Costa-Gavras, sans oublier Mario Plotiris.

C'était donc une assemblée quasiment masculine, « *ta paidia* » (« les garçons »), comme on les appelait. J'étais l'unique fille de ce groupe, mais personne ne pratiquait la ségrégation. C'était une belle communauté qui n'avait que des valeurs morales, justice, vérité, égalité. Grâce à eux, j'ai beaucoup écouté et beaucoup appris.

Au début, Nikos était mon père spirituel, et, par la suite, mon ami le plus cher. Nous formions la jeunesse d'après-guerre. Nikos, le poète d'Amorgos, qui fumait cigarette sur cigarette et qui buvait exclusivement du café français, a été mon premier amour platonique !

K

Concert sur le porte-avions

Les années 1950 et 1960 ont été importantes pour la Grèce mais aussi pour mes amis et moi-même. Je terminais ma scolarité et j'étais au Conservatoire tout en courant dans tous les studios. Mon père connaissait des techniciens qui lui recommandaient de m'envoyer rencontrer des musiciens pour m'écouter chanter. Il est vrai que c'était un temps où on recrutait de jeunes talents. Je participais aussi aux matinées musicales où l'on chantait pour un public jeune, d'abord, et surtout pour le plaisir. Quand il était heureux, et il l'était souvent, c'était la fête, aussi bien dans la salle que sur scène, on dansait le rock and roll à n'en plus finir. C'est pour cette raison que, un jour, on me renvoya du Conservatoire. Petit à petit, j'ai commencé à travailler comme chanteuse accompagnée par un orchestre dans des boîtes de nuit. Quand il n'y avait pas suffisamment de clients, le patron s'excusait et ne nous payait pas. Mais moi, j'étais si heureuse de pouvoir chanter que je transmettais ce sentiment. Tout le monde avait le sourire et semblait apprécier mon enthousiasme et mon répertoire. Mes chansons américaines étaient exactement ce dont ils avaient besoin, et puis Elvis Presley, le rock and roll, Harry Belafonte et ses chansons jamaïcaines, Nat King Cole, Sinatra, Ray Charles, Paul Anka et tant d'autres en faisaient partie.

On chantait, dansait, sur les musiques latines aux sonorités brésiliennes, sur des chansons espagnoles et italiennes. Le Festival de San Remo nous offrait tous les ans de grands succès. Le 4 juillet 1957, jour de la fête nationale américaine, l'ambassade des États-Unis à Athènes, profitant du passage en mer Égée de la flotte américaine, avait décidé d'organiser un grand show sur le porte-avions *USS Forrestal,* amarré au large entre le port du Pirée et le cap Sounion. Plusieurs artistes de variétés, des jongleurs, des acrobates, des danseurs devaient se produire. L'imprésario qui s'occupait de l'organisation du spectacle avait prévu, notamment, une jeune chanteuse grecque chantant parfaitement en anglais. Par manque de chance, elle tomba malade un jour avant la répétition. Quelle catastrophe ! Les musiciens présents, de suite, ont proposé à l'imprésario de me contacter car j'étais la seule, à leurs yeux, à pouvoir la remplacer. Je possédais le répertoire qui convenait parfaitement pour cette soirée. Les musiciens avaient promis qu'il ne serait pas déçu et qu'il ne le regretterait pas. L'imprésario me fit donc venir et, en me voyant, faillit s'évanouir. Il transpirait en me regardant, déçu, en se disant probablement qu'il allait être ruiné. Les marins, privés de filles, attendaient d'en voir de jolies, comme celle, notamment, que je remplaçais. Le jour du spectacle, dans les coulisses, le malheureux imprésario avait les larmes aux yeux, tout anxieux de voir mon tour arriver. La scène était immense, dressée sur la deuxième piste d'atterrissage. Beaucoup d'invités d'honneur se trouvaient dans les premiers rangs, ceux de derrière étaient occupés par trois mille marins. Je commençais à déprimer en voyant l'imprésario dans cet état et en entendant les sifflets d'admiration des marins devant les longues et superbes jambes des danseuses. « Ça ne peut pas marcher pour moi, il a raison », me disais-je. J'ai trouvé le courage, avant que mon tour n'arrive, de m'approcher timidement en lui disant : « Faites-moi confiance, je chante bien, vous savez. » Le moment tant attendu arriva. J'avais fourni une liste de chansons aux musiciens avec lesquels je chantais souvent. Nous avions décidé qu'ils me donneraient un accord pour chanter quelques mesures *a cappella* de « Pete Kelly's blues » et, ensuite, ils devaient entrer en rythme. Avançant sur scène, mes jambes tremblaient, la gorge sèche, terrorisée à l'idée de ne pouvoir sortir une note. En me voyant, les applaudissements restaient discrets, mais quand les premières notes, « *there's a sad thing, the blues* », sont sorties, dans cette belle nuit grecque étoilée, j'ai vu trois mille casquettes s'envoler et des cris de joie ont rempli la nuit et s'entendaient jusqu'à Athènes. Ce soir-là, j'ai tenu la scène pendant une heure et demie en chantant toutes les chansons que je connaissais. Cette nuit-là m'a beaucoup marquée, et changée. J'avais compris que le plus important était ma passion du chant, mais que physiquement je n'étais pas très intéressante comme jeune femme. J'avais 23 ans, il était important de commencer à comprendre que le public avait le droit non seulement d'aimer la musique mais aussi d'avoir une représentante simple et soignée. J'ai compris, à ce moment-là, que c'était le moment de maigrir.

L'année suivante, je faisais la connaissance de Manos et Nikos, j'enregistrais mes premiers 45 tours.

Témoins de l'histoire

Les années 1960 ont vu l'éclosion de grands événements dans le monde. Après la Seconde Guerre mondiale, on caressait l'espoir qu'il n'y aurait plus d'autres guerres. On ressentait le besoin de découvrir d'autres pays, de se confronter à d'autres cultures, de renouer avec la liberté, sans avoir la peur de son voisin, d'un ennemi ou d'une bombe. Loin de notre pays, notre identité se renforçait au contact d'autres cultures. La musique et le disque dans notre pays venaient de naître, et leur influence les imposait à devenir petit à petit les vecteurs de la communication internationale. L'Amérique cherchait à éradiquer le racisme, elle cherchait aussi à trouver un compromis entre les Noirs et les Blancs. « Il ne faut jamais dire Noir, *boy*, ou nègre, me disait Belafonte, il vaut mieux dire "couleur". » Moi qui avais été élevée dans la tradition des films du far west, entre Indiens et films de guerre entre nordistes et sudistes, j'étais étonnée. « T'en fais pas, *baby*, me disait Quincy Jones, il y aura des hommes qui trouveront cet équilibre. » Et moi je répondais : « *Of course*, tu as raison, car les harmonies dans la musique se font toujours avec des notes noires et blanches. » J'étais si fière de travailler avec Quincy et Harry, ces années-là. Ils étaient sévères avec moi mais m'ont beaucoup appris, ont nourri mon âme de chanteuse, m'ont inspirée et j'ai compris que pour être aux côtés de tels génies, il faut travailler dur.

Si l'Amérique cherchait à abolir la ségrégation raciale, il y avait malheureusement d'autres drames et d'autres souffrances. Le mur de Berlin, mur de la honte, et d'autres guerres ont pointé. La guerre du Vietnam et celle de Cuba. Il y eut aussi des événements, au vrai sens du terme, « extraordinaires », l'homme a marché sur la lune en 1969. On venait de baptiser mon fils, il avait un an et on l'avait gardé éveillé pour regarder à la télévision cet exploit, même s'il ne pouvait pas comprendre.

« Ne demandez pas ce que peut faire votre pays pour vous, mais ce que vous pouvez faire pour lui. » (JFK)

J'ai rencontré Jackie et Bob Kennedy en Grèce, alors qu'ils étaient invités par Constantin Caramanlis et son épouse Amalia. La cour royale n'avait pas trop apprécié, mais c'était une visite strictement amicale. Amalia m'avait invitée sur le yacht pour chanter, j'étais émue et éblouie car je n'arrivais pas à croire ce que j'étais en train de vivre. Quelque temps auparavant, Amalia avait organisé une soirée chez elle où elle avait invité le jeune prince Constantin, les princesses Sofia et Irini, le prince Michel de Grèce et tous leurs amis proches. Manos était invité là pour jouer et moi pour chanter. Contrairement au Premier ministre et à son épouse, qui souvent venaient nous écouter au *Tzaki*, petite taverne proche du palais royal où nous nous produisions tous les soirs, le jeune prince et les princesses n'avaient pas le droit de venir, et c'est la raison pour laquelle Amalia avait organisé cette soirée chez elle. Ce fut un moment inoubliable, mais ces moments d'euphorie sont toujours propices à de nombreuses questions : pourquoi ne jamais continuer à être heureux ? Pourquoi assassine-t-on l'espoir avant qu'il puisse s'exprimer ? « *I have a dream* », disait Martin Luther King, alors, n'y a-t-il plus de rêve ? Qui a tué les Kennedy ? Qui a tué Indira Gandhi ? Qui a tué Sadate ? Qui tue notre démocratie ? Qui continue à tuer l'avenir de nos enfants et notre terre si chère? Peut-être est-ce le pouvoir sans gloire de certains hommes... Car un pouvoir qui n'arrive pas à satisfaire avec justice les besoins de chacun et qui ne peut pas mettre un terme à la pauvreté, à la famine, à la violence, ne sert à rien. Celui qui veut diriger le destin de chacun ne sert à rien. Malheureusement, dans le monde actuel, le premier qui dit la vérité doit être exécuté. C'est Guy Béart qui l'avait dit dans une de ses chansons et je partage cette pensée. Nous faisions partie de cette même génération d'artistes qui recherchait la justice, la vérité et la paix avec amour et dignité. Tous les poètes, les écrivains, toute l'élite intellectuelle, non seulement grecque mais aussi internationale, avaient compris que le système politique et social n'était plus en adéquation avec les réalités et qu'une évolution était donc nécessaire. Ils mettaient en garde, avec leurs écrits, du danger que les populations encouraient quand leur pays s'engageait dans une guerre et que l'ignorance des droits de l'homme détruisait la société, ses enfants, et notre avenir. Je me souviens de l'époque où mon père travaillait sept jours par semaine, sans vacances, sans jour de repos. Il était indépendant, il décidait de sa vie. Puis, un jour, un syndicaliste est venu le voir, c'était le tout début de ces formations, il pouvait bénéficier d'un jour de repos par semaine et des congés payés. Il pouvait même bénéficier de la rétroactivité de ces nouvelles mesures dont j'ignore à combien elle s'élevait. Ayant travaillé depuis l'âge de

14 ans, il pouvait même arrêter son activité et prendre sa retraite. Tout cela était très bien à l'époque, car nous avions l'impression d'évoluer vers une justice pour tous, des graines ont été semées pour que nous puissions en récolter des bénéfices mais, hélas, nous voyons où cela nous a amenés aujourd'hui. En réalité, ces améliorations ont réussi à provoquer ce que j'appelle une guerre économique qui est en train de frapper la société et son avenir. Les hommes n'ont pas compris cette omniprésence de l'économie. Ce système économique mal dirigé et mal maîtrisé a des failles, il supprime toute humanité, toute dignité, toute justice et toute culture. L'économie n'est pas la seule science qui puisse sauver le monde. Elle est obligée aussi de s'adapter à notre époque, de changer afin d'évoluer vers une nouvelle direction. Certes, la souffrance existe, mais pas pour tous. Comme dans une guerre, il faut rebâtir et recommencer à zéro. Pour que, de nouveau, la priorité redevienne l'homme, au centre de notre univers, il faut changer de système avant que l'on ait à déplorer de nombreuses autres victimes. Car les dirigeants ont beau changer, c'est le système qui n'est plus adapté.

Kenya : la lutte pour l'espoir

Le voyage au Kenya fut long, Mary Cahill de l'Unicef de New York est venue me retrouver à Nairobi, j'étais déjà arrivée avec mon assistante et mon fils Nicolas, cameraman de profession, qui filmait ce voyage depuis Londres. Notre mission consistait à inaugurer trois grandes pompes à eau potable dans une région de 150 000 habitants, mais il nous fallait obtenir l'autorisation d'un ministre ou du Premier ministre. Ces pompes à eau déjà installées par l'Unicef étaient destinées à servir sept villages. Tous nous attendaient. La télévision locale, les journalistes, ainsi que des enfants qui chantaient mes chansons en anglais, bouquets de fleurs à la main. C'était très émouvant. L'ambassadeur de Grèce nous accompagnait pour visiter notamment des écoles et une maternité où l'on accueillait des mères et surtout des enfants nouveau-nés atteints du sida. La justice, face à ce fléau, ne laisse aucune dignité à ce petit être à qui la vie a été ôtée.

Nous avons été reçus par l'ambassadrice locale de bonne volonté. Elle exerçait une profession de juge, et on l'appelait « Miss Justice ». Elle nous expliqua que l'information et l'éducation étaient primordiales pour éradiquer cette maladie mortelle. Pour diffuser des messages de prévention, ils avaient imaginé un théâtre de rue, pour toucher le maximum de gens. C'est avec leurs propres codes culturels que nous pouvions les mettre en garde contre ce fléau. Avec cette forme d'expression, l'éducation devenait populaire et beaucoup plus efficace. Nous avions promis de fournir des équipements pour l'hôpital consacré aux enfants sidéens. Nous avons également visité une école maternelle et nous avons rencontré de jeunes étudiants de toutes nationalités, Français, Anglais, Hollandais ou Allemands qui venaient bénévolement, pendant leurs vacances, travailler, nettoyer, peindre les murs, soigner, enseigner avec une générosité sans faille. Quand mon fils leur a demandé ce qui leur ferait plaisir comme cadeau, ils ont répondu : « Un frigidaire pour protéger nos vaccins de la chaleur et de l'humidité. » Le lendemain, il fut installé et, pour nous remercier, les étudiants ont gravé nos noms dessus, à Nicolas et à moi.

Pendant notre séjour de quatre jours en tout, personne n'a pu manger. Les images des enfants malades restaient gravées profondément dans notre mémoire. Comment peut-on accepter que ces enfants soient privés d'une vie tout simplement digne ?

L

Langue : comprendre et s'entendre

La langue que je parle n'est probablement pas parfaite, elle ressemble à un dictionnaire composé de mots à plusieurs sens, qui s'adressent à diverses cultures et cherchent en permanence l'équilibre et la justice.

Les langues ne sont pas uniquement composées de lettres. Ce sont des sons qui leur donnent une allure, une identité. J'adore le son et le rythme d'une langue. Ça me fait rêver, j'essaie toujours de deviner, par le mouvement du son que j'écoute, l'origine de la langue. C'est magique et ça crée des émotions qui me procurent une sérénité unique.

Le son des mots, c'est du rythme et de la musique en même temps.

À l'école, j'aimais déjà les langues. Je préférais le latin, le grec ancien et évidemment le français comme langue étrangère. Par la suite, c'est l'anglais, avec les chansons et le cinéma américain des comédies musicales, qui m'a conquise.

Il faut dire aussi que, depuis l'âge de 5 ans, j'écoutais les acteurs des films s'exprimer dans leur langue d'origine puisqu'ils n'étaient jamais doublés dans les salles de projection grecques. C'est toujours le cas aujourd'hui.

Aujourd'hui, ma langue est éclectique. Tous les jours, j'en parle de différentes en fonction de mon interlocuteur et, forcément, je mélange parfois les mots qui se ressemblent. Mon accent s'améliore quand je réside quelque temps dans un pays. J'essaie toujours de me faire comprendre, car je considère que c'est à moi de faire un effort.

Parler des langues, c'est un privilège, un respect des autres et de soi-même, ne pas avoir besoin d'être assisté, c'est avoir aussi la liberté de communiquer comme on l'entend. Les langues m'ont aidée à évoluer dans le monde de la musique, dans mon esprit, dans les émotions et à mieux comprendre l'existence des autres cultures, des diversités et les apprécier à juste titre en me sentant chez moi, où que je sois. Les langues abolissent les frontières.

Le premier rapport qui m'a été confié en tant que députée européenne s'appelait « Ariadni ». Il défendait la diversité des langues en Europe. Elles devaient toutes exister car la diversité des langues et des cultures en Europe représente aussi son identité et sa force. Le deuxième rapport portait aussi sur les langues, mais plus spécialement sur la traduction littéraire, qui favorisait la traduction des langues minoritaires avec pour but un accès privilégié aux meilleures traductions. Le troisième et dernier rapport était la culture de 2000 à 2004. Ayant quitté le Parlement, un autre collègue a terminé ce dernier.

Je n'ai jamais souhaité être conflictuelle, mais j'ai toujours posé des questions qui me paraissaient pertinentes. Pour défendre la culture, j'ai saisi la justice de la Commission pour obtenir une augmentation de budget. Je me souviens encore de la réponse : « Mais madame Mouskouri, vous rêvez toujours, il n'y a pas de culture européenne, nous nous occupons uniquement d'une Europe politique et économique. »

Je me demande ce qu'est devenu ce fonctionnaire aujourd'hui. Je crois toujours fermement que la plus grande erreur de l'Europe est d'avoir ignoré la diversité de ses cultures et de ne pas avoir su donner une chance aux différents pays de mieux se connaître et s'entendre.

Liberté : un privilège

Ah, la liberté ! Sœur jumelle de l'indépendance... Riche en valeurs ; nous déclarons des guerres pour faire régner l'égalité, la justice et la liberté mais, parfois, nous récoltons une dictature. La liberté, tout le monde la recherche, depuis sa naissance, mais on ne la trouve pas toujours. On en parle comme si elle nous était acquise. Certains croient la posséder mais, en réalité, elle est en nous. Nous connaissons à travers divers récits, des hommes emprisonnés et qui, bien qu'étant enfermés, entravés, continuaient à se sentir libres. Encore faut-il reconnaître cette liberté ! Pour cela, elle doit nous être enseignée, nous devons la respecter et chercher pleinement à la vivre en ayant comme seule frontière celle du respect de la liberté des autres.

« Je chante avec toi, liberté ». Cette chanson est devenue, entre 1981 et 1982, un immense et phénoménal succès, non seulement en France mais dans le monde entier. Elle a traversé l'Espagne, l'Amérique du Sud et elle s'est implantée encore plus en Europe, et surtout les pays de l'Est qui étaient opprimés par des régimes totalitaires. La liberté, pour eux, se résumait à un rêve. Ils étaient dans l'obscurité, impossible de voir la lumière qu'ils souhaitaient.

Les grands danseurs, au succès international, Rudolf Noureev ou Mikhaïl Baryshnikov avaient, au péril de leur vie, réussi à fuir leur pays d'origine, l'ex-URSS, sous oppression, pour exercer et exprimer tout leur art dans une totale liberté et pour persévérer dans leur carrière.

Ils avaient besoin d'ouvrir toutes les frontières pour se sentir appréciés. Le monde entier ne les a pas déçus, partout, la même ferveur, la même admiration et le respect de tous. Chacun avec sa personnalité est devenu un artiste unique et a apporté beaucoup à son art, la danse classique pour Noureev et la danse moderne pour Baryshnikov. Et en même temps, grâce au bonheur qu'ils ont procuré à leur public, ils réussissaient à rendre hommage et à honorer leur pays d'origine.

En 1982, le mur de Berlin, le mur de la honte, était toujours dressé. Pour la fête nationale française du 14 Juillet, j'étais invitée par l'ambassadeur de France à Berlin. Je devais chanter pour tous les invités, essentiellement des ambassadeurs et des personnalités, dans les jardins de la résidence. Avant de me produire dans les jardins de l'ambassade, une cérémonie officielle était prévue pour le matin du 14 Juillet, pour chanter devant le mur de Berlin, accompagnée par la fanfare des forces françaises stationnées en Allemagne. Il faut dire que l'Allemagne, après la Seconde Guerre mondiale, est devenue un pays occupé. Il y avait quatre zones d'occupation sur tout le territoire, dont Berlin qui, en fait, formait deux blocs opposés l'un à l'autre. L'Est, sous occupation soviétique, devint la RDA, et l'Ouest, sous occupation britannique, française et américaine, devint la RFA. Il y avait donc des points de contrôle, ce qu'on appelle des *checkpoints*, entre l'Est et l'Ouest. Je devais chanter, devant le mur, « Je chante avec toi, liberté » et l'hymne national français « La Marseillaise ». Pour cet événement important, j'avais été nommée au grade d'officier de l'armée française et j'ai eu le droit à un uniforme que je garde toujours bien précieusement et à l'assistance d'un aide de camp pour mon séjour de trois jours à Berlin. En outre, une équipe de journalistes, de cameramen de RTL m'accompagnaient, ainsi que mes amis, directeurs de la station, Roger Kreicher et Monique Le Marcis. Nous avions répété la veille mais comme le tout était télévisé en direct, le souci d'André était que je connaisse aussi bien «La Marseillaise» que le *lied* «Freiheit», «Je chante avec toi, liberté» en allemand. En réalité, je devais, pour des raisons diplomatiques, chanter une partie de cette chanson en français et l'autre en allemand. Le soir même, nous étions tous invités à l'hôtel *Unter den Linden*, très réputé et très fréquenté par la vieille aristocratie allemande, et qui se situait du côté de Berlin-Est. Un bus était prévu à cet effet pour tous les diplomates français, étrangers et tous les amis invités qui venaient de France, ainsi que des diplomates allemands et aussi le maire de Berlin.

André, qui était prévu, devait voyager avec eux, mais ni Monique Le Marcis ni moi-même ne pouvions nous joindre à eux à cause de notre nationalité. Monique était suisse et moi, grecque. Afin que Monique et moi-même suivions le bus, le commandant nous avait mis à disposition un taxi recommandé par les autorités russes et nous devions tous passer le contrôle au *checkpoint* Charlie, le fameux secteur américain, voisinant les Russes à ce passage. Ce point de passage était réservé au personnel diplomatique, c'était un passage obligatoire pour les véhicules occidentaux. Et, jusqu'à sa chute, c'était un point de tension entre les deux superpuissances. Toutes deux, nous étions angoissées de voir le bus de « la liberté » et tous nos amis partir ensemble et nous deux être dirigées dans une région inquiétante. Pour oublier notre peur, je répétais avec Monique « La Marseillaise » et « Je chante avec toi, liberté ». Nous avions les yeux rouges, notre cœur battait la chamade, on se serrait l'une contre l'autre.

Le bus a été arrêté et un officier est monté pour contrôler les passeports avant de le laisser partir pour traverser la frontière. Il devait nous attendre de l'autre côté. Quant à nous, nous avons été inspectées de fond en comble. Nous sommes descendues du taxi et avons été amenées au bureau pour contrôler notre permis pendant que les policiers fouillaient la voiture, la désossaient, armés d'un miroir qui passait sous la voiture. Une fois que tout fut fini, nous nous sommes retrouvées triomphalement avec les autres, totalement soulagées après avoir retenu notre souffle pendant ce long moment. Nous avons su apprécier une bonne soirée et nous avons chanté avec nostalgie et tristesse à la fois, parce que toute cette aventure, aussi périlleuse soit-elle, nous ramenait à des souvenirs pas très heureux. Dans mon esprit, tout se mélangeait, ce moment de peur, cette interrogation, cette joie d'aller à la rencontre du public de l'autre côté, et cette angoisse pour leur avenir. Ironie du sort, je venais chanter « liberté » dans un pays qui ne la connaissait pas. Ce souvenir me chagrine encore aujourd'hui.

Au retour, nous avons dû subir la même procédure avec un contrôle un peu plus sévère pour les deux véhicules, parce qu'ils avaient simplement peur que nous cachions quelqu'un pour le sortir du bloc de l'Est. Le lendemain, André, inquiet, a voulu se rassurer en mettant par terre et devant moi un grand prompteur, comme on a l'habitude de le faire au studio, pour lire les textes et que je puisse les déchiffrer à cause de ma myopie. Tous se demandaient pourquoi ce panneau blanc et, heureusement, ils étaient trop éloignés pour le voir clairement. Berlin et son mur, c'est peut-être ce qui m'a réconciliée avec l'Allemagne, depuis la première fois que j'ai atterri à l'aéroport de Tempelhof, il y a cinquante-deux ans. Nous avions en commun d'avoir partagé et vécu les mêmes injustices et les mêmes souffrances, chacun de son côté. Eux avec un mur pesant sur leur quotidien et nous avec la guerre civile. Nous nous sommes posé les mêmes questions qui restent toujours sans réponses, nous, cette génération d'après la Seconde Guerre mondiale. Les temps, heureusement, ont changé, pour cette partie du monde, les choses ont bien évolué. Nous qui avions été si terrorisées au passage de ce *checkpoint,* aujourd'hui, quand je sais que les touristes affluent pour se faire photographier avec des figurants en uniforme sur ce point, je repense à cette histoire.

La liberté, c'est aussi l'indépendance

L'indépendance est multiple, c'est une notion que nous recherchons tous, elle est aussi bien morale que physique ou économique. Nous en avons tous besoin mais il faut savoir la puiser en nous, savoir vouloir la conquérir car il faut se défaire non seulement de son carcan culturel mais aussi de son carcan personnel. Elle laisse toujours des traces, en venant au monde, nous dépendons de nos parents, des personnes qui nous élèvent, de notre entourage. C'est à chacun de nous, au fur et à mesure que nous grandissons, de savoir trouver cette indépendance et assouvir cette recherche. L'indépendance mène aussi à une forme de liberté. En ce qui me concerne, j'ai cherché à chaque moment cette indépendance, en tant que chanteuse et en menant de front aussi bien ma vie de femme, d'épouse, de mère, de sœur que d'amie.

Si j'ai toujours été à la recherche de mon indépendance, ce qui m'est insupportable, c'est l'injustice et l'indifférence.

Dans les différents combats que j'ai dû mener, notamment en tant qu'ambassadeur de bonne volonté de l'Unicef, c'était l'injustice qui se manifestait dans nombre de pays et qui se traduisait par de multiples drames. Il y aura toujours des conflits si nous n'instaurons pas un minimum de justice. Essayer de créer de la justice ne doit pas être impossible.

La liberté, c'est enfin la justice

Quand nous défendons les droits de l'homme, les droits et la protection des enfants, ceux de la femme, de l'être humain, des animaux, c'est quelque part la justice que nous cherchons tous à établir pour chacun. La justice n'est pas un simple terme, il s'agit d'une valeur morale que l'on peut placer aussi haut que la liberté, la vérité, l'humanité, l'égalité ou la démocratie. Ce sont des bases essentielles de la vie. Partout nous cherchons à trouver la justice et l'espoir et si quelque part on croit l'avoir trouvée, soudain, un événement étranger peut la détruire car, en réalité, elle est très fragile. Il faut la respecter pour pouvoir la distinguer et l'appliquer à son quotidien sans l'imposer. C'est la base de l'éducation qui nous apprend avant toute chose à respecter les valeurs.

M

Maman : le plus beau cadeau de la vie

Il y a des lettres dans l'alphabet qui ont le même sens dans plusieurs langues. Le M, par exemple, mère, en français, se dit «*mitera*» en grec. Dans les noms qui commencent par la lettre M, j'en apprécie un certain nombre. Par exemple, mer, monument, mythologie. Des légendes comme Marilyn Monroe, Maria Callas, Melina Mercouri, le peintre Moretti, la musique de Michel Legrand et de Manos Hadjidakis. Je suis une fille du soleil et de la mer, et la mère (maman) est le plus doux et tendre mot qui nous lie à la vie.

Une femme a comme vocation de devenir maman. J'ai espéré le devenir un jour, car mes rêves ne s'arrêtaient pas seulement à ma carrière de chanteuse. J'affectionnais particulièrement les enfants. Ma sœur, mariée très jeune, m'a procuré une grande joie en mettant au monde ma petite nièce qui, en fait, était comme ma fille. À 4 ans, elle m'accompagnait au studio. On s'amusait beaucoup toutes les deux, même si j'ai commencé à voyager assez vite, et souvent. Alors, à chacun de mes retours, elle avait droit aux petites peluches ou aux jouets que nous n'avions pas en Grèce. Elle parle encore aujourd'hui de son zoo, bien qu'elle-même soit devenue maman.

Ma sœur et moi, comme tous les enfants de la guerre, n'avions pas de jouets. La priorité était celle de ne pas avoir faim. Un jour, dans une interview, j'ai raconté cette anecdote, et mes fans m'ont envoyé des jouets par milliers, ce qui fait qu'aujourd'hui j'en ai une énorme collection.

Être maman, c'est merveilleux, tendre et doux à la fois, et c'est aussi une grande responsabilité, et il fallait être mariée, comme ma sœur. Le mariage n'était pas une priorité pour moi. J'avais des relations cordiales avec les musiciens, avec des garçons, mais il n'était pas question de relations amoureuses.

Le mariage ne nous obsédait pas, nous étions tous dans l'enthousiasme de la musique, de la création, de la découverte de nouveaux groupes de jazz, de chanteurs, comme Elvis ou Nat King Cole.

Un jour, j'ai rencontré un jeune chanteur qui jouait de la guitare. Il appréciait beaucoup ma voix et j'aimais aussi la musique qu'il interprétait avec ses deux amis. Il jouait du folklore grec et de la musique latine. La mode était aux trios comme Los Panchos ou Los Tres Diamantes, des trios péruviens ou espagnols. Je connaissais les chansons de Lucho Gatica et de Mercedes Sosa. Ils étaient mes chanteurs préférés. Nous sommes devenus amis, nous avons même chanté en quartette, nous avons parcouru un bout de chemin ensemble, chacun dans notre univers et, un jour, nous nous sommes mariés et éloignés.

Mariage : l'union d'une vie

Le mariage était obligatoire. Travaillant la nuit dans les clubs ou les tavernes et ayant un salaire consacré uniquement à la famille, je n'avais le droit de sortir qu'à partir du moment où j'étais fiancée et ce n'était pas suffisant car, en prime, il fallait aussi se marier.

Souvent, le mariage était fait pour échapper à l'autorité parentale. Partir signifiait être libre, indépendante, mais nous, les jeunes de cette époque, ne savions pas comment vivre sans l'autorité des parents, il nous paraissait donc normal de recréer autour de nous une nouvelle autorité.

Quand, enfin, les parents nous permettaient de nous marier, nous étions heureux. Nous riions aux éclats, nous étions libres de nous installer dans notre appartement, faire le choix de nos meubles, dormir ensemble, avoir des enfants. Le rêve de tous les jeunes couples.

Une fois l'autorisation accordée par mes parents pour me marier, j'ai voulu l'annoncer à mes grands amis. Manos a été le premier informé et le premier surpris car aucun de nous n'avait franchi le pas. Ils connaissaient tous Georges, mon futur mari, bien qu'il ne vienne pas assez souvent chez *Floca* assister à nos débats. Il ne se sentait pas assez à l'aise. Il avait ses propres amis, son travail, et j'ai souvent pensé qu'il était compliqué pour un couple de ne pas avoir la même vision des choses, les mêmes goûts. Chacun doit en fait faire un effort pour se rapprocher et s'entendre.

Mais le bonheur que nous vivions empêchait toute réflexion. Manos a été surpris, il a éclaté de rire, il s'est tourné vers Nikos et les autres amis en leur annonçant la grande nouvelle: «Nana va se marier. Et elle va se marier avec un homme.» Et il a poursuivi: «Je voudrais vous annoncer, chers amis, que j'ai décidé d'être le témoin de ce mariage.»

Il m'a serrée dans ses bras en m'embrassant. Autour de nous fusaient bravos et félicitations. Manos était très autoritaire. Il décidait de tout. J'étais sa chanteuse, sa propriété, j'étais sous contrôle. Ce n'est que pour mon mariage qu'il a cédé.

Sa mère, le lendemain, en arrivant pour nous écouter pendant les répétitions, m'a embrassée en me disant qu'elle avait espéré secrètement m'avoir comme belle-fille. Elle acceptait néanmoins bien ma décision. C'était le plus beau compliment qu'elle me fit.

Notre mariage a été célébré à l'église au milieu d'une foule curieuse et immense. Manos, dans un grand élan d'enthousiasme, avait annoncé publiquement la date et le lieu de l'événement.

Manos et moi étions très populaires, la foule s'était donc déplacée pour nous voir. Ma mère cependant était triste, ma sœur était déjà partie et moi je la suivais. C'était dur pour elle. Elle se sentait inutile.

Depuis l'instant où nous avons eu de grands succès avec Manos, nous apparaissions partout dans les journaux et, comme tous deux étions un peu ronds, nous sommes devenus de bons sujets de bande dessinée. La popularité peut s'avérer une rivale, il est dur de l'accepter au sein d'un couple exerçant le même métier. Mon travail devenait de plus en plus exigeant. Il y avait tant de choses à gérer. J'avais devoirs et responsabilités envers tous ; mais ce qui était le plus dur à assumer, c'était la rivalité. Avec Georges, nous n'avons pas eu d'enfant tout de suite. Nous avions des obligations avec notre carrière, et puis nous pensions qu'il fallait avant tout être dans l'aisance pour que nos enfants aient une vie meilleure que celle que nous avions vécue. Loin de la pauvreté, de la guerre, de la peur. Il nous fallait tout d'abord construire un avenir.

Les chansons de Manos et Nikos m'inspiraient autant que leurs discussions qui me passionnaient. Ils pouvaient débattre sur une phrase ou un mot pendant des heures pour en définir le véritable sens. Ils étaient deux esthètes du son et du sens, aucune concession n'était possible sur rien et sur personne. Ils ressentaient une grande responsabilité, pour ceux qui les écoutaient.

N

Mes combats : mon prénom et mes lunettes

Mon prénom

Nana, mon prénom. Un second handicap qui se déclinait parfois en Nanaki. C'est le petit nom que mon père me donnait, petite et, en grandissant, alors que tout le monde avait pris l'habitude de m'appeler Nana, lui ne m'appelait ainsi que s'il était satisfait de moi, c'est-à-dire quand j'avais de bonnes notes ou j'étais sage.

Fâché ou énervé, il m'appelait Ioanna, tout comme mes professeurs.

Ça faisait bien sérieux. C'est un prénom très commun en Grèce et j'ai vite compris que, même en France, il l'était, sauf que la signification était différente. Une fille, c'est une « nana », quelqu'un qui n'a pas bonne réputation, légère, comme on le dit, à l'instar de l'héroïne de Zola. « Nana, ce n'est pas possible », répétait Louis Hazan à son équipe. Son répertoire est sérieux, mais personne ne va la prendre au sérieux avec un prénom pareil.

Il y avait tant de choses à changer chez moi que, finalement, ils ont laissé la « Nana » tranquille.

Ils étaient surtout obsédés par mes lunettes. J'ai tout entendu à ce sujet : « Ça fait maîtresse d'école, ça fait secrétaire, tu as l'air figée. »

Pauvre de moi. Mes lunettes devaient me donner un statut, et mon prénom, ma réputation, mais rien ne convenait à part ma voix. Sans oublier d'ajouter qu'un autre problème se greffait, celui de mon poids. Mais Odile Hazan est intervenue avec une efficacité redoutable.

Ma sœur, contrairement à moi, était une belle fille mince, il fallait donc faire des efforts.

Le proverbe dit : « Il faut souffrir pour être belle. » Je ne peux pas dire que je suis devenue belle, mais je n'ai pas non plus souffert.

Mes lunettes

Les lunettes font partie intégrante de ma personnalité. C'est comme une tare génétique qu'il fallait que j'accepte à une époque où être myope était une honte et les lunettes, une ingratitude. Tout a commencé à l'école. La maîtresse a signalé à mes parents que je n'arrivais pas à lire au tableau. Après une visite médicale chez l'ophtalmo, il me découvrit une myopie et un astigmatisme. Me voilà donc contrainte, depuis, de porter des lunettes que j'ai fait miennes, et j'ai décidé de ne jamais les quitter. Petit à petit, tout le monde s'est habitué à mon visage, et j'ai moi-même commencé à me sentir à l'aise en les portant, jusqu'au jour où j'ai été remarquée au Festival d'Athènes. C'est la première fois que j'ai entendu dire qu'une artiste portant des lunettes sur scène s'était jamais produite. Partout où j'allais, pendant des années, cette remarque me poursuivait et j'ai même été victime d'insultes. En réalité, mes lunettes étaient devenues une protection, je ne voulais pas en changer, même si ma carrière évoluait. Après tout, me disais-je, ce ne sont pas des lunettes qui vont m'empêcher ou m'aider à percer, l'important, c'est ma voix et ce qu'elle transmet !

A priori, tout le monde n'était pas de cet avis. Il m'a fallu attendre quinze ans avant que le métier accepte mes lunettes de vue. Personne, aucune femme, aucun jeune n'en portait. Outre-Atlantique, Harry Belafonte n'échappait pas à la règle. Pour la couverture de son disque où je chantais deux duos avec lui, il a exigé que j'enlève mes lunettes. Je me suis exécutée, mais quand le disque est arrivé dans les bureaux d'EMI International, siégeant à Londres, la photo a tellement choqué que la direction a décidé d'effectuer un montage en apposant une de mes photos avec mes lunettes à côté d'Harry. La photo sans lunettes a disparu. J'avais réussi à imposer mon identité physique. J'ai dû lutter pour rester moi-même, et je n'ai pas changé d'un iota, c'est le regard des autres qui s'est habitué, d'autant que la carrière est réussie.

Le plus curieux est que, au moment où elles étaient si détestées en Europe, des poupées en plastique à lunettes étaient en train de naître en Asie.

La nostalgie des souvenirs

La nostalgie n'est pas triste. Elle emplit la mémoire et le cœur des meilleurs et des plus doux moments vécus dans le passé. Elle se transforme en un chant d'amour et en un espoir nouveau et encore inconnu.

En Allemagne, pour lancer mes premiers 45 tours, avec deux des chansons du film *Grèce, pays de rêve*, le surnom qui m'avait alors été donné était « Stimme der Sehnsucht » (« Voix de la nostalgie »). Plus tard, je suis devenue « Die Stimme » (« La voix »).

La nostalgie, c'est pour moi le changement de cap de la musique en Grèce. Un jour, au café *Floca*, Manos nous a annoncé qu'il voulait nous présenter un nouvel ami. Ce nouvel ami est arrivé avec l'écrivain Vassilis Vassilikos et le poète Yannis Ritsos. Il répondait au nom de Mikis Theodorakis. Il revenait de Paris où il avait fait ses études au Conservatoire. Il était inconnu en Grèce. Pourtant, Manos l'aimait beaucoup et, dans un élan d'enthousiasme, il lui a proposé d'enregistrer *L'Épitaphe*, célèbre œuvre de

Yannis Ritsos que Mikis Theodorakis venait de mettre en musique, avec ma voix et son orchestre. Quelques jours plus tard, nous avons commencé les enregistrements dans un climat magique. Nous étions tous ensemble : Manos, Ritsos, Mikis, la bande du *Floca*, avec Nikos en fer de lance, le peintre Tsarouchis et tant d'autres... C'étaient des moments de créativité et d'ivresse. Au bout d'une semaine, nous avions enregistré six chansons sur huit. Mais, les deux derniers jours, Mikis et Ritsos ne sont pas venus au studio d'enregistrement. Nous avons alors commencé à nous interroger sur cette absence, mais nous avons voulu finir le disque.

À l'époque, le vinyle était un nouveau support et les compagnies de disques commençaient à se faire la guerre pour les recettes sur le marché. Le directeur de l'une des maisons de disques, Columbia, avait réussi à convaincre Mikis de faire ce disque avec d'autres chanteurs, différents et surtout partisans. Mikis, très ambitieux, avait accepté la proposition. Ainsi, pendant les deux jours de son absence, il a enregistré *L'Épitaphe* avec d'autres chanteurs de talent comme Grigoris Bithikotsis, grande voix du *rébétiko*. Deux jours plus tard, au *Floca*, Manos a essayé de trouver Mikis pour lui faire entendre nos enregistrements. En interrogeant les amis autour de nous, il a appris avec stupéfaction que Mikis s'apprêtait à faire une conférence de presse pour présenter le disque qu'il avait enregistré.

Les journalistes, stupéfaits, ont donc interrogé Mikis Theodorakis et lui ont demandé pourquoi il n'avait pas fait ce disque avec Nana comme prévu. Il a alors lâché cette phrase blessante : « Nana est une fille de salon et moi, je préfère le jeune homme des champs. » Moi qui étais issue d'une famille populaire, venant d'une île et pas d'une ville, j'étais profondément attristée, mais Manos l'était encore plus que moi. Il était déchaîné. Nous avions passé tant de temps et étions si heureux du résultat de notre travail ! Manos a alors pris la plume pour écrire une lettre ouverte et répondre aux accusations de Mikis, réfutant la politisation de la musique. Mais le schisme était bien là.

Depuis, la musique en Grèce s'est scindée en deux camps. Cela a duré pendant la dictature et continue aujourd'hui. Je suis nostalgique de l'époque où nous étions tous ensemble, sans couleur politique. Nous vivions pour l'amour de la musique, la passion des notes. En quelques jours, et parce que l'appât du gain s'était incrusté dans notre art, au même titre que l'ambition de la notoriété, notre beau monde s'est vu divisé.

Le magicien d'Oz

New York est l'une de mes villes préférées, après Paris, Londres, Rome ou Berlin. J'ai retrouvé le New York que je connaissais déjà à travers les films avec son Broadway, ses music-halls, son Rockefeller Center, sa statue de la Liberté, sa 5e Avenue, le Radio City Music Hall, le *Waldorf Astoria*, son Central Park et surtout son fameux Carnegie Hall.

C'était la première fois que je voyais le métro, le fameux «*subway*», qui fumait au milieu de l'asphalte, et des policiers à cheval comme dans les films de cow-boys. Tout cela m'émerveillait, mais le plus magique était d'avoir Quincy Jones comme guide et comme producteur à New York. C'était une aubaine.

Nous visitions Harlem, le royaume de la musique, «*the soul brothers and sisters*», l'Apollo Theater et les boîtes de jazz.

Sa devise, que j'ai fait mienne, était d'aller écouter les grands maîtres là où ils se produisaient. D'Ella Fitzgerald, à Duke Ellington, en passant par Nancy Wilson, Dinah Washington, Sarah Vaughan, Aretha Franklin et Mahalia Jackson.

Quelle chance et quel bonheur d'avoir trouvé Quincy sur mon chemin et qu'il m'ait remarquée !

Irving Green, le directeur du label Mercury, et Quincy, pour enrichir mon éducation musicale, m'ont emmenée à Broadway, où j'ai vu, pour la première fois, des comédies musicales comme *West side story*, *Sweet Charity*, et surtout *Funny Girl* avec Barbra Streisand qui chantait «People».

J'ai tout absorbé comme une éponge. J'écoutais, fascinée et heureuse.

Quincy me disait toujours: «Quand je te vois entrer sur scène, j'ai l'impression que tu t'es trompée de porte, et je t'aime pour ça. Ne change pas.» Il m'appelait «*soul sister*», «âme sœur», tout comme Belafonte. Pendant des années, il m'a vue entrer sur scène, dans diverses villes de son pays. Du Carnegie Hall au Lincoln Center, en passant par le Broadway Theatre, le Waldorf Astoria ou Saint John the Divine. De Washington à Los Angeles, du Greek Theatre au Dorothy Chandler Pavilion... et même à l'Olympia de Paris.

Un jour en haut de l'affiche

Temple de la variété à Paris, dirigé par Bruno Coquatrix, qui consacrait les grandes vedettes du music-hall, l'Olympia était le théâtre où il fallait se produire pour se faire un nom auprès du public et dans le milieu artistique. Il était fondamental d'y réussir son passage. Les Américains avaient New York et Broadway; les Européens avaient Paris et l'Olympia.

C'est à l'Olympia que j'ai pu admirer Piaf, Brel, Bécaud, Brassens, Aznavour, Tino Rossi. Et les plus jeunes qui prenaient la relève comme Dylan, Leonard Cohen, les Beatles, Joan Baez, Joe Dassin, Julio Iglesias, Paul Simon, Serge Lama et Liza Minnelli.

Si avec Quincy je faisais le tour des «écoles» de Harlem, les clubs et l'Apollo Theater, à Paris, je faisais le tour de l'Olympia, même s'il y avait beaucoup d'autres salles de spectacle. Par exemple, c'est à Bobino que j'ai vu Barbara, qui m'a énormément marquée. C'était une grande artiste que j'ai aimée profondément. Elle était touchante, lyrique, tout en étant fragile. La première fois que je l'ai découverte, c'était à La Tête de l'art.

Pour moi, l'Olympia, c'est aussi Serge Lama.

Le 11 février 2013, je m'y trouvais encore avec André, pour fêter les 70 ans de Serge Lama. Devant moi, une dame, la cinquantaine, s'agitait, applaudissait et chantait en chœur avec tout le public, en compagnie de ses amis. Elle me regardait avec insistance, comme si elle cherchait une complicité dans mon regard. À la fin du spectacle et pendant que Serge Lama saluait, elle s'est retournée brusquement vers moi et s'est accrochée à moi en me répétant : « Nana, dites-lui que je l'aime, je viens du Sud, je vais le voir partout où il se produit et je continuerai à le suivre partout tant il nous donne du bonheur. Vous voyez la salle ? Elle est enthousiaste. On aime cet homme pour toute la joie qu'il nous procure, c'est pour cela que je l'aime. » Elle en pleurait presque d'émotion. Et parmi tous ces applaudissements, j'ai senti que tout le public vibrait également de tout son être.

Cette soirée restera un moment unique, magique... comme un rêve devenu réalité ! Nous sommes tous venus voir Serge ce soir-là, car nous avons voulu lui restituer tout l'amour qu'il nous a donné depuis tant d'années. S'il n'a rien demandé en échange, il a su accepter l'amour du public, avec la même générosité sans perdre la foi ni la force de se battre.

Thierry Le Luron, jeune ami que j'admirais énormément, est mort en 1986. Sa disparition a coïncidé avec le soir de ma générale à l'Olympia. Quelque temps auparavant, il m'avait assuré qu'il allait mieux et qu'il serait au rendez-vous le soir de ma première. Hélas, il est parti ce soir-là !

Jean-Claude Brialy, Line Renaud et d'autres... tous les amis étaient présents à ma première. J'étais prête et j'attendais le signal pour monter sur scène quand André, avec une mine grave, est entré dans ma loge pour m'annoncer le décès de Thierry.

J'étais totalement effondrée. Monter sur scène pour chanter était mission impossible. Mais Jean-Michel, Boris, Jean-Claude, Line, Serge Lama et beaucoup d'autres amis sont venus me dire que je devais m'armer de courage et chanter pour Thierry. Il n'aurait certainement pas apprécié que je fasse défection. Avec une profonde tristesse, je suis montée sur scène, j'ai annoncé la nouvelle qui a glacé le public. Thierry était très aimé. Je leur ai dit que je lui dédiais cette soirée. J'ai terminé ce tour de chant avec l'« Ave Maria » de Schubert, ce fut une soirée émouvante pour tous. Puis j'ai rejoint ma loge en larmes. Thierry était si jeune, il avait tant de talent, pourquoi lui ? Je suis restée seule un moment, et voilà qu'arrivent

Roland Hubert, Roland Ribet, André, Jean-Claude et d'autres.

« Nana, me disent-ils, tu dois chanter demain à l'église de la Madeleine, pour Thierry.

– Mais quoi ? Pardon ? Vous êtes tous fous ? j'ai hurlé. Ça ne vous a pas suffi ce soir ? Demain, je dois recommencer ? Je n'ai pas le courage », dis-je alors.

J'étais et je me sentais de plus en plus désespérée. Un peu calmée, André m'apprit alors que Mgr di Falco nous attendait à la Madeleine pour un dernier salut.

Le lendemain, je suis allée malgré tout à l'église de la Madeleine, pour chanter l'« Ave Maria ». Lucien, mon chef d'orchestre, m'a accompagnée à l'orgue. Ni lui, ni moi, ni André n'avions le cœur à apprécier la tonalité de ma voix, mes notes sortaient comme des sanglots, mais je l'ai fait pour Thierry.

Les jours suivants, Gilbert Bécaud me téléphonait tous les soirs avant le spectacle pour m'encourager, comme si j'étais une petite fille, il était vraiment adorable.

Je ne savais pas, à cette époque, que cette triste histoire à l'Olympia et l'« Ave Maria » chanté à la Madeleine pour Thierry devaient se renouveler quelques années plus tard.

En effet, quelque temps après, quand Loulou Gasté, mari de Line Renaud, est mort, Line a téléphoné à André. Je terminais une tournée aux États-Unis, à Atlantic City. Attristée, j'ai rejoint New York dans la nuit pour prendre le Concorde, seul avion du matin, pour pouvoir être à l'heure et être auprès de notre amie Line le soir même. Puis j'ai chanté l'« Ave Maria » pour Loulou le lendemain à ses obsèques. Celles-ci se déroulaient en l'église Saint-Honoré-d'Eylau.

Comme pour Thierry, tous les amis étaient là, et même Jacques et Bernadette Chirac, amis intimes de Loulou et Line.

Le décalage horaire, le manque de sommeil et l'émotion ont affecté ma voix une fois de plus. J'étais triste, épuisée et éprouvée.

Gilbert Bécaud était assis à côté de moi, il essayait de me réconforter, il me serra la main tout le long du service religieux en me disant : « Ça va aller ! »

Lucien, mon pianiste chef d'orchestre, m'accompagnait de nouveau. Nous sommes montés pour être près de l'orgue. Nous étions tous deux très émus. Nous avons dit, à notre manière, un dernier au revoir à un autre grand ami.

Plus tard, quand nous nous sommes tous retrouvés ensemble, Jean-Claude Brialy m'a confié : « Ma chérie, je te promets de ne jamais t'infliger cela. J'ajouterai dans mon testament, expressément, que je ne veux, en aucun cas, que tu chantes l'« Ave Maria ». Ce que tu viens de faire est très dur et très éprouvant. » Il m'a serrée très fort dans ses bras et il m'a embrassée !

Optimisme ou le courage d'affronter la vie

L'optimisme vient de ma culture grecque. De ma génération, qui a connu en dix ans deux guerres, dont une civile, sans compter le référendum pour la royauté et surtout le désastre de la dictature, nous sommes devenus, de nouveau, une démocratie qui n'a jamais su se construire sur des bases solides, et le peuple, mal informé, a commencé à se déliter. La démocratie ne se divise pas, elle ne s'impose pas et elle ne se donne pas, comme la liberté. C'est un dialogue basé sur l'entente. Nous n'avons rien appris, la politique et le pouvoir n'ont pas su respecter leur propre pays, on a bafoué le droit des hommes. Il faut dire que les Grecs n'ont pas su respecter leurs devoirs car on ne leur a jamais appris comment faire. Parfois, dans certains pays, le peuple ne brille que par son individualisme et son égoïsme, et cela ne facilite pas l'évolution des mœurs.

Mais je reste une optimiste incurable. Je crois aux valeurs du travail et à la chance, en l'homme et aux enfants, aux rêves, en l'espoir et en l'avenir, parce que tout simplement j'ai confiance en l'humanité.

«*Aspri mera kai gia mas*» («Il y aura des jours meilleurs»). Tout comme moi, Nikos était un optimiste, il avait écrit cette chanson typique pour me consoler de la tristesse : «Ne pleure pas, ne porte pas le chagrin comme un médaillon autour du cou, fais-toi une raison, il y aura des jours meilleurs.»

Cette chanson faisait partie d'une série de textes que Nikos avait écrits sur des musiques de Stavros Xarchakos et réunis sous le titre *Stou Othona ta chronia*. Otton était le premier roi de Grèce, c'était le temps où la Grèce croyait en son avenir.

La chanson m'avait marquée, je ne l'avais pas créée, et je continuais à chercher des chansons qui m'aideraient à nourrir mon âme grecque avec l'essentiel de mes convictions. Ce que je chantais reflétait mon engagement, ma foi pour mon pays et mon identité de chanteuse grecque.

En 1990, nous étions à Tokyo. La Grèce avait postulé pour les jeux Olympiques de 1996, car l'année correspondait à leur centième anniversaire. Tout le pays en rêvait. Nous devions être choisis puisque les premiers JO modernes s'étaient déroulés à Athènes en 1896 et que nous méritions cette reconnaissance.

À la veille de la décision du Comité olympique international, j'étais invitée à chanter pour une soirée spéciale. En Grèce, il avait été décidé, si jamais nous remportions les JO de 1996, qu'un avion spécial récupérerait Giorgos Dalaras, le chanteur le plus en vue du moment, pour célébrer la victoire. Malheureusement, nous n'avons pas été sélectionnés. Le choix s'est porté sur Atlanta, le pays natal du Coca-Cola, sponsor officiel des JO, qui avait aussi postulé cette année-là, comme la Grèce. Notre déception a été immense, je me souviens d'avoir quitté la salle de sélection, en larmes.

Quelle injustice ! Même le monde du sport est dominé par ses propres intérêts ! Il n'y a plus de place pour les sentiments. Tout est truqué, tout est négocié.

Un peu plus tard, toute la délégation grecque des JO s'est retrouvée dans la taverne que nous fréquentions pendant la durée de la présélection : le Premier ministre, certains ministres, de grands champions, l'ex-roi Constantin, lui-même champion olympique... Melina Mercouri, initiatrice de cette candidature, était en deuil. Mon amie Manuela, l'assistante de Melina, André et moi étions, comme les autres, désespérés. Chacun cherchait à se remonter le moral. Le chanteur Dalaras que nous avions prévu en cas de victoire ne s'était pas déplacé.

Mais l'optimisme de la Grèce consiste à être fier et à accepter la défaite. Il ne fallait pas nous laisser envahir par le chagrin, porté, comme le disait Nikos, autour du cou. Il fallait retrouver l'espoir, je me suis donc levée et j'ai commencé à chanter cette chanson de Nikos : « Aspri mera kai gia mas », tout en pensant que, un jour, et ce jour viendrait, les JO seraient de nouveau à Athènes. L'atmosphère se détendait, tout le monde s'est mis à chanter doucement avec moi. Petit à petit, les regards se croisaient, les sourires commençaient à éclaircir les visages, les mains battaient le rythme. D'autres délégations sont venues nous rejoindre pour nous consoler de cette injustice. Beaucoup pensaient que cette date historique du centenaire des olympiades aurait dû se dérouler en

Grèce, à Athènes, au stade olympique de Coubertin, car, comme on le sait, si les JO modernes sont nés à Athènes, c'est à Pierre de Coubertin qu'on doit leur résurrection.

Nous sommes restés tard avec nos divers amis pour chanter, parler et même danser. Car c'est ça, la Grèce. Pour sortir de sa tristesse, retrouver son optimisme et recommencer, la Grèce chante. Pour se consoler, elle chante plus fortement ses problèmes, ses ennuis, ses peines et ses joies. Les Grecs trouvent leur bonheur dans une musique souvent triste.

Quelques années plus tard, au cours d'une soirée au profit de la fondation Melina-Mercouri au théâtre d'Hérode Atticus, j'ai chanté « Aspri mera... » sur la scène sise au pied de l'Acropole. Je pensais à Melina, à son combat pour le retour des marbres du Parthénon en Grèce, et aux jeux Olympiques, qui venaient enfin de nous être confiés pour 2004.

Ce jour, enfin, était arrivé. Nous l'attendions depuis cette fameuse soirée à Tokyo en 1990 et ce n'était que justice.

P

Partir : à la recherche de l'amour

Pour moi, partir n'a jamais été facile : partir moi-même ou voir quelqu'un de mes proches partir me rend mélancolique. Ma vie a été un éternel départ. Mon besoin de chanter en a fait une banalité.

Je n'aime pas non plus voyager car je m'éloigne de ceux que j'aime.

La peur est un sentiment ingérable, quand elle s'installe en nous, il est difficile de s'en débarrasser. C'est peut-être un contrecoup de la guerre, de même que le sentiment de culpabilité qui nous ronge ; celui de toujours faire quelque chose de mal et pour lequel nous devons être châtiés. Nous avons été élevés dans cette idée. La punition pèse sur nos têtes et, malheureusement, les enfants de la guerre, en grandissant, deviennent souvent timides et taraudés par les doutes.

La guerre et l'Occupation sont responsables de tous ces dégâts.

Mon père étant incorporé, ma mère partait travailler, j'avais 4 ans et demi et ma sœur deux ans de plus. En nous laissant seules, elle nous exhortait à aller nous abriter à Fix, l'ancienne usine de bière où tout le quartier se réfugiait pour éviter les bombardements. Quand cela se produisait, ma sœur, pétrifiée par la peur, m'attrapait par la main, notre chienne nous suivait comme si elle voulait nous protéger, car, pour se rendre au refuge, il fallait traverser la grande avenue Syngrou, où la circulation pouvait être dangereuse.

Une fois arrivées là-bas, les gens, malgré leur angoisse, en nous voyant arriver avec notre chienne, nous prenaient sous leur aile et nous parlaient gentiment.

Ma sœur me serrait très fort contre elle, même la chienne aboyait. Toutefois, nous nous mettions tous à chanter pour nous donner du courage.

C'est toujours difficile de partir de chez moi, loin des miens et de mes enfants. Partir pour un autre pays, vers l'inconnu ; partir pour chercher l'amour, la paix, la liberté. Mais où que l'on aille, où que l'on soit, on a toujours besoin de partir. Partir pour monter sur scène et chanter procure beaucoup de joie. Partir pour aller travailler, partir pour créer, c'est tout autant de bonheur. Je n'ai jamais vraiment su partir en vacances.

J'avais besoin de revenir au pays pour revoir les miens, mes amis, ma famille, et retrouver la mer, le soleil et les étoiles que je connaissais si bien et qui me manquaient tant.

Cela me rappelle que, à Paris, tous les premiers mercredis du mois, la même sirène retentit à midi précise. Ça me donne encore des sueurs froides, soixante-dix ans après. La petite fille de la guerre et de l'Occupation que j'étais ne peut chasser ce cauchemar et reste encore prisonnière de son enfance.

Néanmoins, la frustration et les angoisses, engendrées par la solitude, la peur et l'absence de liberté d'expression, sont souvent des terreaux propices à la création et à l'éclosion d'artistes, écrivains ou peintres.

C'est peut-être cette liberté que j'ai recherchée. Celle qui me faisait partir et voyager, car si la chanson était ma passion, celle du voyage ne l'était pas. M'éloigner de chez moi n'était pas évident. Je pense souvent que, au fond, chercher l'amour, la paix, la liberté constitue ma motivation première. Depuis le début de ma carrière, je souhaite m'intégrer dans chaque pays, en parlant la langue, en apprenant la culture. Je recommence à chaque fois. C'est ma façon de me sentir chez moi ; une manière de partager le quotidien des autres, c'est-à-dire leurs joies autant que leurs peines. Une véritable communion ne réside que dans le don d'amour réciproque.

Quand je suis partie pour la première fois après avoir accouché, cela a été le moment le plus dur de ma vie. Tout juste un mois après que Nicolas était venu au monde, dans des conditions assez difficiles et pénibles, Georges et les musiciens devaient retourner travailler. Je me sentais coupable, car il me fallait également partir en tournée, et laisser mon Nicolas pour prendre la route et chanter le soir. Les règles et la discipline de la tournée sont les contraintes les plus dures du métier. Ce sont celles d'une femme qui travaille. Comment laisser ce petit bout de chou seul sans sa mère ?

La présence de ma mère, bien qu'elle ne puisse pas faire grand-chose, me réconfortait beaucoup. Ensuite, bien après, ma mère est partie et Nicolas s'est retrouvé tout seul avec Féfé. Il a fallu aussi que je lui fasse confiance. Néanmoins, ma priorité était de rentrer au plus tôt et au plus vite pour retrouver mon fils. Bien souvent, le jour de relâche, je prenais le premier avion ou le premier train pour aller embrasser mon petit et repartir aussitôt.

Le public a commencé à connaître et à aimer mon pays, celui qui est ancré dans mon cœur, bien profondément, dont je suis si fière et que je décrivais dans mes chansons.

Ma responsabilité est double : être digne dans ce que je fais et dire la vérité.

Le jour où Louis Hazan est arrivé en Grèce avec sa femme Odile, tout a changé pour moi. C'était l'été 1960, au cours du deuxième Festival de la chanson d'Athènes. Cette année-là, je devais interpréter deux chansons composées par Manos Hadjidakis, « To kiparissaki » et « I timoria ». Nikos Gatsos avait signé les paroles du second titre.

Nous avons obtenu le premier prix avec ces deux titres.

Les chansons de Hadjidakis avaient un succès bien mérité. Fraîches, joyeuses, optimistes, poétiques, c'était une chance d'être devenue son interprète, même si je souffrais de son caractère possessif et passionné, qui n'épargnait d'ailleurs pas non plus Melina Mercouri et Aliki Vouyouklaki, une autre chanteuse.

Paris : le début de l'aventure

Paris est devenu pour moi ce que New York représentait au début pour les artistes américains ou internationaux. Paris, grâce à Louis Hazan qui était venu me chercher à Athènes, est arrivé à surpasser en très peu de temps la suprématie de New York, en faisant de moi une artiste internationale. Quand j'ai obtenu le premier prix du Festival de Barcelone, c'était une première confirmation et une première victoire pour Louis Hazan qui avait toujours profondément cru en moi.

Il m'avait téléphoné le soir même pour me féliciter. La soirée était retransmise à la radio. Il se trouvait à la soirée qui était organisée par Philips, la maison de disques, où étaient invités des artistes du monde entier. Tous s'étaient réunis, quelques jours auparavant, à l'initiative de la maison de disques, pour disserter. Les sujets abordés touchaient, entre autres, l'évolution du disque, du 45 tours, des nouveaux supports, des jeunes artistes sur le marché international, du répertoire français qui commençait à prendre de plus en plus d'ampleur dans le monde, les nouveaux talents à découvrir et les nouvelles stratégies pour étoffer leurs ventes. Deux grands musiciens faisaient partie de la réunion, Michel Legrand et Quincy Jones. C'est ainsi que j'ai pu leur parler, quand Louis Hazan m'a téléphoné lorsqu'il a appris ma victoire au Festival de Barcelone. Paris est donc directement lié à ces personnalités.

Je ne peux pas parler de Paris sans évoquer le général de Gaulle dont l'image sera à tout jamais gravée dans ma mémoire. Quand il a quitté le pouvoir après le référendum, il est devenu mon héros. Il a préféré partir plutôt que rester sans le consentement de son peuple.

Télévisions parisiennes

Si je parle toujours des disques, de mes tournées dans des théâtres ou dans d'autres lieux, je ne peux pas oublier que j'ai vécu une grande histoire d'amour et de fidélité avec le public. Aussi bien des auditeurs que des téléspectateurs, à une époque où la publicité n'existait pas encore. J'ai eu beaucoup de chance d'avoir été repérée par des producteurs et autres présentateurs télé mais, au départ, l'apprentissage de la caméra fut plutôt laborieux.

Je me souviens d'une première émission avec Guy Lux, j'étais accompagnée par Raymond Lefèvre et son orchestre. Les techniciens me demandaient de répéter sans cesse alors que les caméras étaient éteintes. Au bout d'un moment, j'ai timidement demandé ce qui n'allait pas et pourquoi je devais répéter sans les caméras. Ils m'ont alors répondu : « On vous demande de répéter pour le simple plaisir de vous écouter chanter. » Les techniciens et les musiciens m'avaient applaudie. Quel privilège d'avoir vécu de tels moments ! Quel compliment ! Cela fait partie de mes meilleurs souvenirs.

En général, on choyait vraiment les artistes sur les plateaux. Je ne faisais pas exception. Les souvenirs sont personnels et sont ressentis différemment par chacun de nous.

Je me souviens d'avoir fait une première émission avec Michel Drucker. Je devais voyager depuis Genève mais, à cause du mauvais temps, l'avion a été annulé, et j'ai dû prendre la route pour être à l'émission. Pendant des années, j'ai eu l'occasion de participer à des émissions extraordinaires avec Michel Drucker, à tel point que Françoise Coquet, la productrice, et Michel sont devenus des amis.

J'ai invité nombre d'artistes ; j'ai chanté en duo avec Lee Marvin, Judy Collins, Francis Cabrel, Serge Lama, Nina Hagen, Sheila ou France Gall.

Je me souviens aussi que, en 1968, pour mon premier concert au Royal Albert Hall de Londres, Pierre Bouteiller, de la radio Europe 1, était venu dans la capitale anglaise pour commenter mon spectacle en direct.

J'ai aussi participé à la première émission «RTL non-stop», et plusieurs autres par la suite.

Philippe Bouvard a toujours fait preuve d'une certaine élégance à mon égard. Il est même venu à New York pour un «RTL non-stop». Lors de cette émission, nous avions reçu alors Paul Anka, Harry Belafonte, Sidney Poitier et Peter Yarrow.

Je me souviens toujours des émissions magnifiques de Maritie et Gilbert Carpentier. Il y avait toujours des invités prestigieux tels que Julio Iglesias, Charles Aznavour ou Johnny Mathis.

En télévision, Jean-Pierre Foucault m'a invitée à une émission avec des invités spéciaux et il avait même prévu un duplex en direct d'Athènes avec mon ami Nikos Gatsos !

J'ai aussi fait quelques émissions avec Patrick Sabatier, Patrick Sébastien, Jacques Martin. J'ai eu droit aussi à des émissions spéciales avec des amis producteurs comme Albert Emsalem. J'ai vraiment été très gâtée !

Petites ou grandes émissions ont parsemé mon chemin de petits cailloux et ont construit cette belle relation que j'entretiens avec les ondes radiophoniques et le petit écran.

Je souhaiterais aussi rendre hommage aux attachés de presse comme Jacques Metges, Georges Rover et Robert Toutan qui m'ont aidée à connaître tous ces grands noms de la télévision et de la radio.

Papa, c'est quoi la guerre ?

Les questions qu'on se pose dans la vie nous aident à avancer, surtout quand on arrive à trouver des réponses, avec sa propre expérience ou avec ses choix de vie. Les réponses se font également par rapport à nos convictions. Les enfants ont l'habitude de toujours poser des questions aux parents. Ils leur font confiance et ce questionnement se poursuit à l'école.

La première question que je me souviens d'avoir posée à mon père était : « Papa, c'est quoi la guerre ? », j'avais 5 ans. C'est la question qui m'aura poursuivie toute ma vie. Sa réponse fut nette et claire : « La guerre, me dit-il, c'est quand les gens ne s'aiment pas. » Il s'agit, bien entendu, de la guerre de 1939-40, qui se poursuivait chez moi, entre mon père et ma mère. Néanmoins, sa réponse ne m'avait pas satisfaite, et j'ai commencé à chercher toute seule celle qui me conviendrait. Certes, en faisant la guerre, les gens ne s'aiment pas ; certes, parfois, dans les couples, on ne s'aime pas toujours, mais la réponse que j'ai pu apporter est que, malgré tout et heureusement, l'amour existe.

Petite, je me prenais à rêver de trouver l'amour dans les cartes, dans les étoiles... et je m'imaginais que le jour où je le trouverais, je m'habillerais en blanc.

L'amour, je l'ai trouvé auprès du public en Grèce, grâce à mes premières chansons. Elles m'ont préservée et m'ont donné espoir. Je crois toujours en ce que je chante, je suis toujours sincère. Ma sincérité est aussi importante que ma voix.

Mon cher ami Serge Lama, que j'admire et que j'aime, m'avait reproché de ne jamais avoir voulu chanter « L'Esclave », une de ses magnifiques chansons d'amour. Mais je n'arrivais pas à y mettre la sincérité nécessaire car c'est une forme d'amour que je n'ai pas pu ou voulu connaître.

On cherche toujours des réponses aux questions que nous nous posons pour exister. Nous souhaitons apporter des réponses à ceux qui nous écoutent et c'est une responsabilité pour nous, autres artistes. Je me suis toujours sentie responsable vis-à-vis de mon public, de mes fans, de mes amis et de mes enfants. J'ai toujours été comptable de ma sincérité. Je suis restée idéaliste ; malgré l'évolution du monde, je n'ai jamais voulu rentrer dans le système.

Le « principe de Peter » n'est pas un exemple à suivre.

Je n'ai rien demandé, sinon chanter, j'ai donné autant d'amour que j'en ai reçu.

Si la question de l'amour est une de mes interrogations, j'ai aussi cherché des réponses sur d'autres problématiques ou sur d'autres valeurs, comme la vérité.

L'école des notes noires et blanches

Quand Quincy Jones est entré dans ma vie de chanteuse, j'étais prête à utiliser ce que j'avais appris des grands chanteurs et des musiciens de jazz en les écoutant, et qui m'a permis de construire ma propre identité de chanteuse. J'avais déjà été initiée, en tant qu'élève, par l'étude des compositeurs classiques pendant mes années au Conservatoire puis par mon expérience musicale avec Manos. Tout cela était bien précieux pour acquérir la meilleure technique.

Mais avec Quincy, j'étais seule face à d'excellents musiciens, avec lesquels je n'avais jamais travaillé, et non seulement je devais chanter leur style de musique mais le faire dans leur propre langue !

Malgré tout, j'avais du mal à me détendre car je savais que je me sentirais responsable en cas de flop vis-à-vis de Quincy et d'Irving Green, le directeur et propriétaire de Mercury Records aux États-Unis. C'était l'année où Philips négociait l'achat de Mercury, et je suis devenue la première artiste européenne, grecque de surcroît, de ce label à avoir chanté en anglais alors que j'avais déjà reçu un disque d'or en Allemagne et en Scandinavie. J'avais déjà enregistré en France et en français, mais j'avais eu moins de succès. La première chanteuse qui m'avait réellement impressionnée avec son répertoire chanté dans différentes langues était Caterina Valente. Excellente musicienne et chanteuse, c'était une des premières artistes européennes à avoir ouvert le chemin des

États-Unis, bien avant Petula Clark, Shirley Bassey et moi-même. Rien n'était facile pour les artistes étrangers, ni aux États-Unis ni en Angleterre.

Sacha Distel a été le premier à avoir remporté du succès avec des émissions de télé ou dans des comédies musicales comme *Chicago*.

Ce premier jour du mois d'août à New York était étonnant. Depuis ma fenêtre du *Plaza*, situé au rond-point de la 69e et de la 5e, je voyais la ville s'étendre comme si j'étais devant l'écran du cinéma où travaillait mon père. En fait, ce que j'observais, c'était simplement la vie de cette ville à travers la baie vitrée, pendant que j'écoutais les chansons de mes artistes de jazz préférés, ainsi que d'autres que je découvrais pour la première fois, grâce à Quincy. Il m'avait apporté quelques disques pour travailler dans ma chambre avant d'aller au studio.

Du rêve au succès

Les rêves sont les révélateurs de nos désirs, de nos espoirs, mais aussi de nos peurs. Souvent, ils expriment nos doutes, nos angoisses mais aussi nos questions sur l'avenir. J'aime les rêves quand ils sont doux. Mais je n'essaie pas d'échapper aux réalités de la vie. Je ne l'ai pas toujours vue qu'en rose ou en couleurs. Il n'appartient qu'à nous de réaliser nos rêves ou pas. On ne peut pas non plus rêver pour les autres. En revanche, je m'accroche à l'idée que la vie a tout pour être belle, et c'est cela que j'essaie de faire partager à mon entourage.

Je crois que le monde d'aujourd'hui ne peut plus rêver, on ne lui en laisse plus le temps. Le consumérisme et l'immédiateté ont envahi nos vies et notre quotidien. Je trouve ça triste. Savoir attendre fait partie du rêve. Or, on nous pousse à choisir ce qu'on nous propose, on nous empêche de découvrir autre chose. C'est désolant car, sans espoir, on ne peut créer et construire son propre avenir ou préparer celui de ses enfants, et la vie n'a aucun intérêt. On ne peut pas connaître la joie qu'il y a à réaliser un de nos rêves, petit à petit, par l'effort et avec patience, ni ressentir le bonheur du désir assouvi.

Comme le dit un adage français, « le samedi est plus beau que le dimanche ». Pour moi, petite, je n'aimais ni le samedi ni le dimanche, car mes parents travaillaient et je préférais être à l'école pour être avec mes amis et mes professeurs.

Être dans l'attente, parfois, nous rend bien plus heureux que l'accomplissement de notre désir.

J'ai rêvé de l'Amérique bien avant de la connaître. Sa musique me fascinait, j'avais l'impression de parcourir le continent à travers les notes. Je l'ai découverte pour savoir si elle correspondait au rêve qui m'habitait jusque-là. J'ai été surprise par le combat qu'elle menait pour se faire une place sur la scène internationale. Ce pays qui était en train de combattre le racisme n'aspirait qu'à l'égalité et à la justice !

J'ai rêvé aussi de Paris. Le cœur de l'Europe. Pour moi, l'Europe, c'était Paris et Londres, où tout a commencé. Grâce à ces deux villes et à l'implication de Louis Hazan, je suis allée partout. Il a su me conseiller, m'accompagner et me respecter. Moi, je devais m'accrocher pour réaliser un rêve qui semblait irréalisable. Quand j'entendais mes amis chanteurs entonner: «*New York, New York, if I can make it there, I'll make it everywhere*» («Celui qui arrive à percer à New York peut y arriver dans le monde entier»), je n'arrive pas vraiment à m'identifier à ces paroles. Pour moi, c'est à Paris que tout a démarré, même si ce fut la dernière capitale à m'avoir consacrée chanteuse et à m'avoir acceptée en tant que telle. Je l'ai fait à Paris et partout ailleurs par la suite.

Pendant cinq ans, de 1959 à 1963, j'ai chanté à Barcelone, Athènes, Berlin, Paris, New York, Londres pour créer mon monde.

Nous sommes en 2013. Il y a cinquante ans, je me produisais à l'Olympia avec Brassens. Il aura fallu sept années de dur labeur pour revenir à l'Olympia, en tête d'affiche. La première fois que Bruno Coquatrix m'a appelée, j'étais en tournée d'été.

«Êtes-vous libre en octobre prochain pour chanter à l'Olympia? Bécaud devait se produire pendant trois semaines, il est malade et je ne trouve personne pour le remplacer. Je sais que vous n'êtes pas suffisamment connue pour être en tête d'affiche mais pas d'inquiétude, j'aurai une superbe vedette américaine qui va terminer la première partie avant vous. Il s'agit du jeune Jacques Martin. Ne vous inquiétez pas, avec lui, même les strapontins seront pris d'assaut ! »

Jacques Martin brillait aussi sur scène à l'époque.

Serge Lama, était alors la « vedette anglaise », c'est-à-dire qu'il chantait avant la « vedette américaine » (le dernier artiste de la première partie). Serge revenait sur scène après un grave accident. Nous nous sommes rencontrés dans les coulisses de l'Olympia. André Chapelle, qui était notre directeur artistique, nous a alors rapprochés, et nous sommes devenus intimes parce que nous appartenions à la même famille d'artistes. Serge m'a écrit des chansons et a adapté quelques-unes des miennes qui étaient en grec.

J'ignorais à ce moment-là que Serge allait devenir mon meilleur ami artiste en France et je découvrais également que c'était un merveilleux auteur, chanteur, acteur. Il a toujours un vrai et immense talent. C'est un homme honnête et fidèle qui peut être à la fois fragile comme un enfant et fort comme un roc. Il reste et restera à jamais mon meilleur et véritable ami.

Un jour, Serge m'a raconté une petite anecdote à propos de cette fameuse première où nous nous étions rencontrés.

Bruno Coquatrix était alors venu me chercher discrètement pour m'amener sur scène.

Les coulisses étaient remplies d'artistes, d'amis, de techniciens et de musiciens. Dans son théâtre,

Bruno avait habitude de lever le rideau rouge le soir de la première. Tout le monde savait qu'il n'avait pas confiance en moi et qu'il était inquiet...

Serge me raconta que je lui avais fait penser à un mouton qu'on mène à l'abattoir lorsqu'il me vit marcher, engoncée dans ma robe en velours rouge, chaussée de lunettes et enceinte de Nicolas, aux côtés de Bruno qui me tenait par la main... Mais comme pour les sacrifices dans les tragédies grecques, les dieux de l'Olympe ont eu pitié de moi et de mon bébé ; ils ont transformé la salle en temple de la musique et le public de ce soir-là m'a donné son cœur en me souhaitant la « bienvenue ». Nous avons partagé beaucoup d'émotions ensemble.

Le lendemain, Bruno m'a appelée pour me dire qu'il partait se reposer en toute quiétude maintenant que j'étais bien installée chez lui.

Quand j'ai raconté ce coup de fil à Louis Hazan, il m'a répondu : « Ne le crois pas, il dit cela à tous les artistes ! »

S

Scène : le point de non-retour

On commence sur scène avec un rêve. La scène, c'est le point de non-retour, car une fois qu'on y a goûté, à la scène, on n'est plus le même. C'est autre chose. On vit de ce qu'on reçoit. Ce sont des moments uniques qui ne se racontent pas mais qui se vivent. Le spectacle, c'est comme si on passait de la réalité au rêve, sur un fil fragile et dangereux. Être en communion avec son public pour lui procurer plaisir, joie, émotion qu'il est venu chercher, ce n'est pas toujours gagné d'avance. Personne ne sait comment un spectacle se passera avant d'appréhender le public d'un soir.

Quand le spectacle est réussi, nous recevons beaucoup d'amour, la diversité de chacun fait que ce même amour est, comme par enchantement, perçu par tous.

Quand j'arrive dans un théâtre, la première chose que je fais est d'aller voir la scène, ensuite la salle depuis la scène. C'est le moment où tout commence, où je dois trouver l'exacte place pour mon micro, pour mon projecteur, et où tout doit commencer pour 20 heures. C'est aussi le moment de la préparation. Tous les techniciens sont en plein travail. Ils préparent la soirée avec moi, pour moi, pour les musiciens et pour le public.

Devant une salle vide, quand le spectacle est terminé, rien n'est semblable, ni la scène, ni la salle. Le public et moi-même ne sommes plus non plus les mêmes.

Ces moments, bons ou mauvais, sont uniques sur chaque scène, car ils ne se répètent jamais. Le lendemain, c'est autre chose, en mieux ou pas. Quoi qu'il arrive, nous sortons changés après un passage sur scène, nous sommes plus mûrs, nous avons évolué et nous nous projetons dans l'avenir.

J'ai eu la chance de chanter dans les plus célèbres théâtres du monde. J'ai connu chacune des scènes, chaque entrée des artistes, du plus grand au plus petit théâtre. La scène est devenue la raison de tous mes voyages. J'ai parcouru le monde à travers les théâtres, les coulisses, la scène, la salle et le public. C'est la musique qui m'a offert l'opportunité d'avoir donné du plaisir, du bonheur, autant que j'en ai reçu. J'ai servi la musique, comme elle m'a permis d'exister. J'ai vécu des aventures extraordinaires, tout en émotion et avec toujours des notes noires et blanches. Mes enfants, pendant les six premières années de leur vie, me suivaient partout dans mes voyages, mais le jour où ils ont dû entrer à l'école, les périples ont pris fin, ils devaient rester dans leur pays, partager une vie scolaire normale avec leurs camarades, c'était à moi de faire des allers-retours pour être près d'eux le plus possible.

Un jour, j'ai voulu quitter la scène, avant qu'elle ne me quitte. J'ai vu beaucoup d'artistes en souffrir quand ils se sont sentis abandonnés. Je ne voulais pas qu'il m'arrive aussi le même sort. J'ai accepté que toutes les belles choses aient une fin ; c'est quelque part ça, la justice de la vie, place à la jeunesse. J'ai surtout compris que je n'étais plus la jeune fille que j'avais été, des doutes se sont emparés de moi, la fin de carrière de Maria Callas me hantait. Il est vrai que, comme elle le disait si justement, « c'est triste quand le téléphone ne sonne plus ». Heureusement, moi, j'ai eu la chance d'être entourée, j'ai mes enfants et mes petits-enfants qui m'ont donné le courage de prendre cette décision. Il fallait respecter la scène et mon public en sachant se retirer au bon moment.

Néanmoins, Maria Callas reste pour moi la plus grande cantatrice au monde. Il est normal de laisser la place aux jeunes générations. J'ai donc accepté car, en mon for intérieur, je me répétais que « tout a une fin ». J'ai tant de souvenirs.

Les scènes les plus marquantes pour moi, qui resteront à tout jamais gravées dans ma mémoire, sont l'Olympia de Paris, le théâtre des Champs-Élysées, l'Opéra de Paris, puis le Royal Albert Hall, le Festival Hall et le Palladium de Londres. À Berlin, c'est la Philharmonie, le Gevand Haus à Dresden et l'Opéra de Leipzig. Puis le Wiener Konzerthaus, le Konzertgebouw d'Amsterdam et le Tivoli Gardens au Danemark. Sans oublier le Sydney Opera House, la Place des Arts de Montréal, le Dublin Arena and Belfast, le Massey hall de Toronto ou le Roy Thomson Hall, le Carnegie Hall, le Lincoln Center, le Waldorf Astoria, le Broadway Theater, le Radio City Music Hall, le Palacio Bellas Artes au Mexique, le Monumental au Chili et en Argentine, le Los Angeles Theatre ou le Las Vegas Casino comme le casino d'Atlantic City.

La scène, c'est une drogue. On n'est jamais pareil une fois qu'on l'a vécue. On y vit des moments exceptionnels et chaque soir est différent et unique. J'ai souvent raconté mes histoires de scène à Jean-Claude. Il me comprenait car il partageait ce même amour. C'est un lieu où l'on se sent sur un nuage, comme dans un rêve, parfois aussi, la scène peut être dangereuse, mais on le sait, on ne connaît la vérité qu'à la fin du spectacle. Pendant ma tournée d'« au revoir » à Christchurch, en Nouvelle-Zélande, j'ai vécu une soirée inoubliable, pleine d'émotion. Ayant eu plusieurs rappels, j'avais fini par chanter l'« Ave Maria » accompagnée par Lulu au piano. Nous avons salué à plusieurs reprises, et le public insistait tellement, nous applaudissait si fortement, alors je suis revenue sur scène pour chanter une dernière chanson *a cappella*, une chanson ethnique maorie et tout le monde la reprenait avec moi. Je quittai la scène sous un tonnerre d'applaudissements, profondément émue devant ce public qui me disait au revoir. Je partais en saluant quand soudain j'entendis un murmure, d'une douceur apaisante, et un chant qui s'élevait, aux paroles qu'on m'a expliquées plus tard. « Maintenant, il est l'heure pour nous de nous dire adieu, s'il te plaît, où que tu sois, pense à nous, et si jamais tes voyages te ramènent ici, sache que nous t'attendrons toujours. »

Le public et la musique sont mes premiers amours. J'ai beaucoup de gratitude envers ma famille, envers André, mes enfants et mes amis, qui m'ont soutenue et qui me permettent d'avoir le privilège de vivre des moments aussi intenses.

Souvenir : les images de notre vie

Oublier nos souvenirs, c'est se laisser mourir. On ne peut continuer à vivre que grâce à nos souvenirs. Ce sont eux qui nous portent jusqu'à aujourd'hui, tout ce que nous avons vécu, appris, nos joies, nos tristesses, nos chagrins, nos bonheurs. Toute la palette de nos émotions. Les larmes qu'on oublie devant un sourire, devant un espoir. Sans souvenir, nous n'existons plus.

Jean-Claude Brialy m'avait écrit une chanson sur le sujet, nommée « Où es-tu passé », mise en musique par Pascal Amoyel. Elle finissait par : « J'ai peur d'oublier mes souvenirs, non, non, je ne veux pas mourir. » Cette phrase me mettait en larmes à chaque fois.

Mes plus vieux souvenirs commencent sur la scène du petit cinéma en plein air où mon père travaillait comme projectionniste et ma mère comme ouvreuse. J'avais 3 ans, j'arrivais de Crète.

Le propriétaire du cinéma avait mis à notre disposition deux petites chambres avec une petite cuisine qui se dressaient juste derrière le grand écran de projection. Mon père jouait aussi le rôle de gardien des lieux, parfois il devenait aussi l'électricien. En fait, il s'occupait de tout, il était excellent et perfectionniste dans son travail, son patron l'estimait beaucoup.

Nous vivions paisiblement avant que la guerre n'arrive, avant l'Occupation et la peur constante des bombardements. Nous avons vécu aussi la Libération et des moments de joie dans ce cinéma. C'était notre nid, nous avions bâti notre propre ferme dans ce cocon. Nous avions aussi un poulailler, un pigeonnier, un chat et une chienne.

Depuis la petite scène, j'ai vraiment commencé à découvrir le cinéma, je contemplais la salle, vide, secrète mais sans mystère en même temps, paisible dans la journée et silencieuse le soir tard. Pendant les séances, elle changeait de visage, les lumières et les chuchotements du public lui apportaient une sorte d'onde, de vibration qui vous laisse croire que quelque chose va bientôt se produire.

Sur cette petite scène du cinéma Proteas, que je rêvais d'être un oiseau, pour voler dans les nuages et le ciel bleu... À chaque fin de séance, quand mon père faisait un tour pour tout vérifier, je montais sur la petite scène, la tête pleine de rêves. Je sortais des sons différents que j'adressais à la lune, des sons que j'essayais de mettre en images.

Puis, petit à petit, j'ai commencé à chanter des chansons que ma mère m'apprenait, tout en continuant à élargir mon répertoire en chantant celles que j'entendais dans les films que je regardais la journée. J'imitais les scènes que j'avais vues dans la journée sur grand écran. Je rêvais dans le silence de la nuit et sous la lumière de la lune, en regardant les étoiles, je rêvais de voir des milliers d'yeux dans la salle, entourée de projecteurs et moi sur scène. C'est aussi sur cette scène, la nuit venue, que j'apprenais à connaître la solitude, celle qui vous pousse à briser le silence pour obtenir une réaction de quelqu'un, de quelque part sous la luminosité unique émise par la lune, souvent rattrapée par les étoiles. Un jour, cette lumière se transforma en projecteur de scène ou de théâtre. Sans le savoir, je me posais des questions sur mon avenir et mon devenir. Je me demandais ce que la vie allait me réserver, ce grand mystère dont nous avons tous besoin pour vivre.

À chaque instant, à chaque étape de ma vie, il m'arrive d'oublier des détails mais jamais les sentiments que je ressens. Pour me donner du courage, je pense que la tristesse est proche de la joie. Si l'on n'a pas connu l'un, on ne peut pas ressentir l'autre. Les deux peuvent s'achever en larmes, et les deux ont une fin…

T

Tournée : rencontre avec le public

La vie en tournée est une petite équipe qui se forme pour créer un spectacle. Elle doit vivre ensemble une période définie, comme une famille de nomades qui doit tout aussi bien s'entendre que s'apprécier. Nous avons tous une destination fixe, un but à accomplir tous les soirs et surtout réussir, donner du plaisir au public qui nous attend. Ce public, toujours aussi fidèle, capable de sacrifices pour venir prendre quelques heures de bonheur avec leur artiste préféré. C'est une responsabilité de savoir la joie et l'intense plaisir qu'on peut leur procurer. De ville en ville, le public, bien que différent, est toujours extrêmement chaleureux, enthousiaste, manifestant beaucoup d'amour. Il faut, de notre part, beaucoup de discipline, beaucoup de travail, au cours de ces nombreux voyages. Cela entraîne fatigue, déceptions, difficultés, et surtout il faut se maintenir toujours en forme. Toute notre énergie est nécessaire pour tendre à ce but-là. Nous sommes tous concernés, tant l'artiste que l'équipe technique, et avons besoin de nous sentir en petit comité, en famille, nous ne formons qu'un. Nous avons une vie ascétique mais, heureusement, il nous arrive parfois de faire la fête. Comme la scène est le point central de notre spectacle, c'est aussi sur scène que nous fêtons tous les anniversaires. Les musiciens, les techniciens et moi-même l'avons célébré dans différents pays et à diverses reprises, pendant des années. Pour la dernière fois en Corée, au cours d'une tournée d'adieu, le hasard a fait que le 13 du mois d'octobre, jour de mon anniversaire, nous devions jouer à Taegu, deuxième grande ville de Corée du Sud après Séoul. Le 12 était une journée relâche, toute mon équipe (techniciens, musiciens et leurs instruments) a voyagé en bus privé. Mais André, Elke, notre promoteur coréen, mon garde du corps – que je surnommais « Kevin », en référence à l'acteur Kevin Costner qui est parmi mes acteurs préférés au même titre que Robert Redford – et moi-même, sommes restés à Séoul. Je devais donner une interview à la télévision en direct et interpréter une chanson traduite simultanément pour le public. Ils avaient prévu que je chante en direct une chanson intitulée « Hayan son shughan ». Une chanson grecque qui était un immense succès, interprétée aussi par un groupe coréen. Je tenais un petit papier à la main, avec les paroles, car je n'arrivais pas à suivre le texte dans une langue que je ne parlais pas. Mais ma surprise fut grande d'entendre le public, dans le studio, chanter avec moi. J'étais profondément émue. Les applaudissements étaient vifs et enthousiastes. Le public ne voulait pas me laisser partir. Le présentateur a insisté alors pour que j'interprète de nouveau la chanson « Plaisir d'amour » *a cappella*. Quand j'entonnai les premières phrases, sans musique, ma surprise fut grande, j'étais retournée. Je découvrais que, afin que le public puisse chanter avec moi, les producteurs avaient placé un panneau sur lequel le texte était traduit phonétiquement en français. Tout le monde s'est donc mis à chanter avec moi en direct à la télévision. J'ai fondu en larmes, trop d'émotions pour une petite chanteuse grecque déjà très gâtée. Par la suite, nous avons pris le train, un wagon spécial nous était réservé. Pendant le trajet, qui durait deux heures, je n'ai cessé de signer des autographes.

Nous sommes arrivés à l'hôtel, épuisés par tant de bonheur. Devant le hall d'entrée, s'amassaient encore des fans hollandais, allemands, anglais.

Arrivée dans ma chambre, André me dit : « Allons dîner, il est déjà tard. » Elke, comme toujours, a ajouté : « Tout est déjà commandé dans un salon, évite les autographes pour ne pas perdre de temps et te coucher tard. » Mais, au salon, une autre surprise m'attendait. Toute ma petite équipe était là pour me souhaiter un joyeux anniversaire, ils avaient attendu minuit.

Le lendemain, le 13, la salle de concert était remplie de fleurs. Des panneaux affichant «*Happy birthday Nana*» flottaient partout. Je me suis sentie chez moi, j'étais au bord des larmes. Les caméras de télévision étaient présentes. Après l'entracte, on m'a prévenue que le maire de la ville devait m'offrir des fleurs sur scène. Quand il est venu, tout le monde s'est levé en chantant «Joyeux anniversaire», tous, y compris mes musiciens et mes techniciens. Le maire m'a de plus offert une robe traditionnelle coréenne accompagnée d'une médaille de citoyenne d'honneur de Taegu. Soirée inoubliable. J'ai reçu tant d'amour d'un pays si lointain. La musique ne connaît ni distance ni frontière, elle m'a prouvé que l'amour existe.

Je me suis formée grâce aux tournées entre le Canada et les États-Unis. Mais pour le réaliser, ce rêve que je m'étais fixé, il a fallu que je travaille et, au-delà des répétitions, j'ai dû m'astreindre à apprendre sans arrêt l'art de la scène. La formation et l'adaptation sont indispensables pour exister dans d'autres pays tout en gardant sa propre identité. Il ne faut pas céder à la tentation.

Pendant trente ans, tous les dix-huit mois, je suis allée en tournée au Canada et aux États-Unis. Une fois de l'est au nord, puis au sud. Une autre fois, de l'ouest au sud, puis au nord, des milliers de kilomètres parcourus grâce à tout type de transport.

Le reste du temps, c'était en Europe et dans d'autres pays lointains. Avec tout cela, je courais aussi sans arrêt voir mes enfants que j'ai élevés comme une mère célibataire. Il fallait que je consacre du temps à enregistrer de nouveaux disques. Or, la tâche était d'autant plus difficile que toutes ces activités n'étaient pas situées au même endroit géographiquement. André, seul, était ma stabilité. Il était partout. Plus tard, ce sera Elke, mon manager fidèle personnel, fidèle depuis trente ans. En fait, l'équipe dont André s'était entouré : amis, collaborateurs, musiciens, compositeurs, auteurs, arrangeurs, comme Alain Goraguer et Claude Lemesle, Roger Loubet, ou Jean-Pierre Sabard, était soudé. Leur inspiration, leur présence pour mes chansons m'étaient indispensables non seulement pour l'enregistrement des disques mais aussi pour la scène. J'ai travaillé avec des musiciens extraordinaires. Nous avons fait de la très bonne musique. Aujourd'hui encore, Luciano di Napoli, que j'appelle Lucien, est mon chef de groupe, et ce depuis vingt ans.

L'année où mon fils est né fut une année riche en événements exceptionnels et émouvants. Nicolas, mon fils, avait trois mois quand il est venu à Paris. C'était au mois de mai 1968. Ensuite, nous sommes partis pour Londres, où je devais commencer une série de shows télévisés avec Yvonne Littlewood et chanter aussi au Royal Albert Hall. Cette salle immense, pouvant contenir 8 000 personnes, dans laquelle je chantais à guichets fermés dès le premier spectacle, a été marquante pour moi. En effet, je chantais dans ce pays pour la première fois, il est devenu aussi mon pays d'adoption tout comme l'Irlande.

L'angoisse d'une chanteuse en tournée comme moi est d'attraper un rhume qui peut évoluer en une trachéite. C'était le cauchemar récurrent qui me suivait à chaque fois que j'étais en tournée, en hiver, dans des pays froids, ou bien même en été. J'étais aussi anxieuse dans les pays asiatiques aux saisons de pluie, où la chaleur est humide et le climat peu propice pour les voies respiratoires. Face à mon angoisse, André m'encourageait souvent, en me rassurant, en me disant que c'était psychologique, mais parfois cela tournait au drame, aussi bien pour moi que pour le spectacle.

Cette idée de ne pas pouvoir me produire, de faire défaut à mon public, me paralysait. Si je ne me sentais pas d'attaque pour donner la meilleure prestation possible pour mon public, c'était une lourde responsabilité que je devais prendre que de devoir annuler. Pour moi, le respect du public est toujours primordial. On est d'autant plus fragile qu'une pression s'installe avant chaque concert. Celle-ci peut être motivante, mais si elle est de mauvaise influence, la motivation tourne à l'illusion. C'est la raison pour laquelle il faut avoir un entourage solide qui nous protège à tout moment. C'est uniquement grâce à cet entourage que nous pouvons dépasser ces frayeurs. J'ai la chance d'être bien entourée par André et tous ceux avec qui j'ai travaillé. J'en suis consciente encore aujourd'hui.

Dans chaque pays où je partais en tournée, il fallait avoir dans son carnet d'adresses le meilleur ORL, au cas où. Mais il y eut des spectacles annulés à cause d'une trachéite. La décision d'annuler était horriblement douloureuse, mais à chaque fois que j'ai dû le faire, je suis moi-même montée sur scène pour l'expliquer au public. Néanmoins, j'ai toujours essayé d'assurer la première partie et, après l'entracte, si ça n'allait pas mieux, je décidais d'aller moi-même au-devant de mon public pour leur exprimer ma profonde tristesse et mon désarroi. À chaque fois, le public a été compréhensif, tolérant et humain. Il y eut des annulations à Paris, à Anvers, à Londres et pendant la tournée où j'attendais ma fille Lénou, ainsi qu'en Allemagne et à Montréal. Mais dans certains pays, il nous arrivait d'annuler à cause de la météo, comme des tempêtes de neige au Canada, et même une fois à New York Westbury. Nous nous sommes trouvés isolés à l'hôtel pendant une semaine. C'est le théâtre lui-même qui avait décidé de l'annulation des représentations car le public ne pouvait pas venir puisqu'il lui était impossible de prendre la route en voiture. Dans la même semaine, nous avions annulé Boston et Atlantic City, le casino.

Les tournées, ce sont aussi les hôtels et les tourneurs.

J'ai fait beaucoup de tournées et j'ai beaucoup appris. Combien de fois me suis-je réveillée dans un hôtel, au milieu de la nuit, en me demandant dans quel pays je me trouvais ?

Des tourneurs et producteurs de mon temps, il y en eut beaucoup et partout. Non seulement en Angleterre mais aussi de l'autre côté de l'océan Atlantique. En Irlande, j'ai connu Jim Aiken, un merveilleux ami, Robert Patterson, et Andrew Miller. Je les ai rencontrés lors d'un spectacle au Royal Albert Hall, et Fritz Rau est venu me voir chanter à Londres.

C'est à la fin du spectacle, lorsque je chantais toute seule, dans cette immense salle, qu'il a décidé de me produire en Allemagne en 1971, dix ans après mes grands succès. Nous avons tout repris depuis le début et il aura fallu quelques années de travail avec André Chapelle, Alain Goraguer et sa musique, Jürgen Sauermann et ses collègues en Allemagne, pour être sur le devant de la scène et pour revenir sur le marché du disque.

Avec Fritz, nous avons évolué et avons donné sur scène une autre image, plus européenne, ce qui a été un tremplin pour la Hollande et la Scandinavie. Du point de vue de la langue, les pays étaient divisés, la Belgique faisait partie de la francophonie, et la Flandre s'apparentait à l'Angleterre. Le métier changeait et il a bien fallu que nous suivions l'air du temps. Je devais me produire dans des salles plus rock'n'roll comme les Stones et les Beatles, que j'ai connus. Mais dans certaines villes, à cette époque, dans les années 1980, nous préférions les théâtres et opéras. C'est à ce moment-là que j'ai rencontré

Elke, qui est devenue mon assistante et qui ne m'a jamais quittée que pour devenir mon manager. Nous avons ensemble parcouru, entre autres, Hambourg, Francfort, Berlin, Oslo et Vienne.

Temps : le cadeau de l'amour

Comment définir le temps ?

Beaucoup de cultures ont apporté de nombreuses réponses à cette question essentielle qui tourne autour du même thème, le plus important : la vie passagère de l'homme sur terre.

Il y a une chanson magnifique que Michel Jourdan m'a écrite, « Le Temps qu'il nous reste » (si nous avons la chance de vieillir ensemble !). Michel fait partie des amis paroliers qui m'ont écrit les plus beaux textes, pleins de tendresse, et plusieurs font partie de mes grands succès.

Le temps passé avec ceux que nous aimons, le temps que nous n'avons pas pu passer à cause de la vie que nous menons, le temps que j'aurais voulu passer avec mes parents, avec mon ami Jean-Claude, avec mon ami Nikos Gatsos. Toujours ce temps que nous consacrons à bien faire notre travail, le temps donné à nos enfants, le temps de s'occuper de ceux qui demandent notre aide, le temps passé à l'écoute des autres, et le temps d'apprendre.

Le temps que nous offrons à nous-mêmes et aussi le temps que nous donnons à la vie pour qu'elle devienne utile. Nous avons besoin de temps, certes, mais nous avons aussi besoin de tendresse. La tendresse, comme l'amour, se partage, mais si nous avons aussi la chance de l'avoir reçue, et l'ayant appréciée, on est capable de la rendre.

Ceux qui nous ont accordé leur attention nous ont donné de la tendresse en nous écoutant, nous ont fait progresser. Toute émotion est un échange. Je pense à Pierre Trudeau, Premier ministre canadien, que j'ai rencontré à mes débuts dans ce pays devenu un de mes chers pays d'adoption.

La confiance et l'amour que j'ai reçus, je les ai beaucoup appréciés, mais ces sentiments ne m'ont pas fait tourner la tête et je n'ai pas voulu le crier sur tous les toits. Je suis toujours restée humble en me posant toujours cette même question : « Pourquoi moi ? » J'ai respecté le choix du public. J'ai su apprécier tous les jours de ma vie, sans aucune exception, j'ai beaucoup de gratitude. Pierre Trudeau, un soir, se trouvait dans le vieux théâtre de la capitale, Ottawa, il m'avait demandé d'interpréter deux chansons : « Le Temps des cerises » et « Un Canadien errant ». C'était en 1966, ce qui correspond à mes débuts dans le monde artistique et au Canada. Seule, j'avais donné mon premier récital avec mes quatre musiciens athéniens.

Depuis cette tournée, il y a plus de quarante-sept ans, je voyage dans le monde entier en donnant des récitals. Quelques années plus tard, en passant par Ottawa, au Centre des Arts, le porte-parole du

Parlement, M. Lamoureux, m'a invitée, après le spectacle, à dîner avec quelques amis politiques, ainsi que Pierre Trudeau. Tout se passait bien. Arrivé au dessert, M. Lamoureux est venu vers moi, m'a prise par la main et m'a amenée dans l'hémicycle du Parlement. Tous les invités du dîner nous ont suivis. Je pensais à une visite guidée des lieux, mais pas du tout. Il m'a accompagnée jusqu'au perchoir d'où s'exprime tout le monde politique, députés ou membres du gouvernement. Il en est redescendu en me disant : « Maintenant, chantez-nous une chanson. » J'ai immédiatement dirigé mon regard vers Pierre Trudeau, j'étais un peu gênée. Celui-ci m'a fait un petit signe en me souriant. J'ai donc entonné, *a cappella*, « Un Canadien errant », depuis le perchoir. Sans micro, l'acoustique ressemblait à celle d'une église, c'était tellement émouvant que j'en avais les larmes aux yeux. Je n'étais pas seule dans ce cas ce soir-là.

Après ma tournée en compagnie d'Harry Belafonte, Sam Gesser m'avait proposé de revenir seule au Canada pour me produire avec mes musiciens. Mon ex-mari Georges, à l'époque, m'avait proposé de former un groupe avec ses vieux amis chanteurs et musiciens, afin que nous puissions partir ensemble sur les routes canadiennes. C'était encore le « *wild west* américain » à mes yeux, que j'avais l'habitude de voir dans les films.

À force d'y aller, à chacun de mes voyages, j'ai eu la chance de voir ce pays évoluer, se développer, de bien évoluer. Le public restait fidèle à mes chansons, à ma musique et à moi-même.

C'est au Canada que j'ai appris à faire des grandes tournées aux États-Unis avec Sol Hurok et Harold Leventhal, le manager de Pete Seeger, de Woody Guthree, de Peter, Paul and Mary. C'était l'époque du folk, de Joan Baez, de Bob Dylan, de Cohen, de Judy Collins, de Neil Young, de Greenwich Village et du Village Vanguard. La nouvelle vague et le style de chanson qui ont dominé les années 1960 étaient une forme d'expression pacifique, mais contestataire à la fois, contre les assassinats, les crises sociales et contre la guerre. Ils se battaient pour l'évolution des droits de l'homme à chaque occasion, de Woodstock à l'île de Wight.

Sol Hurok était une grande figure du monde du spectacle, il travaillait avec les grands classiques de l'époque comme Maria Callas, Mario del Monaco, Victoria de los Angeles, Dimitri Mitropoulos. J'étais sa seule artiste au répertoire populaire. Il avait déjà 80 ans quand nous avons commencé à travailler ensemble. Il m'aimait beaucoup et je chantais dans son théâtre préféré, le Dorothy Chandler Pavilion à Los Angeles. Il venait toujours m'écouter et, souvent, il était accompagné d'un artiste. Un soir, il est entré au théâtre avec Gina Bachauer, une grande pianiste de l'époque. Celle-ci lui répétait sans arrêt : « Tu vois, cette petite, elle chante pendant trois heures, sept fois par semaine, elle sourit, dit merci et ne se permet pas de faire des caprices comme mes *prima donna*, ou mes sopranos ! »

Sur place, je logeais au *Beverly Hills Hotel* et, le lendemain de chaque spectacle, il venait prendre le café à 11 heures et me criblait de questions. Je l'écoutais, pleine d'intérêt. Il avait connu tellement d'artistes que chacun de ses récits était passionnant. Un jour, il repartit comme un gentleman, il m'embrassa poliment en me remettant un paquet entre les mains. Je découvris un flacon de parfum. Le Chanel n° 5.

Travailler : respect de la vie en travaillant

Chanter n'est pas un travail stable où l'on doit présenter sa carte tous les matins. Pour le public, être ou devenir est un rêve. C'est parcourir divers pays et diverses cultures. Mais il faut savoir qu'il est nécessaire d'avoir une organisation technique, d'établir un planning sur deux ans pour se préparer, d'affronter toujours de nouvelles situations. Dans tous les cas et quelle que soit la situation, il faut être digne et ne pas perdre son cœur, sa foi, et maintenir sa santé face à une vocation qui peut s'avérer féroce et parfois inhumaine.

Au fil des années, le téléphone est devenu un luxe pour moi. Je ne pouvais pas m'en passer. Impérativement, j'avais ce besoin irrépressible de téléphoner trois fois par jour, et même parfois plus, à la maison. Dès que je suis devenue maman, je voulais m'assurer que mes enfants se portaient bien à chaque instant.

Le téléphone a toujours été une nécessité, c'était le moyen de communiquer avec mes amis les plus chers, et le moyen d'organiser un planning. Ce n'était pas un accessoire, comme mes lunettes d'ailleurs, c'était un besoin. Et malgré la nouvelle technologie et le développement ambitieux de la téléphonie mobile, je suis restée fidèle au téléphone fixe.

U

Unicef : l'espoir d'un jour meilleur

Depuis quelques années, je me suis mise à parcourir ma vie depuis le début. J'ai égrené mes souvenirs de voyage, mes rencontres avec des amis, les théâtres que j'ai fréquentés et j'ai essayé de retrouver tous les événements les plus importants et les plus exceptionnels qui ont marqué ce chemin. Il ne suffit pas de suivre le chemin que d'autres ont emprunté. Chacun trace sa propre route. Chacun de nous a son identité pour créer son univers, s'exprimer, même si on entre dans les pas de quelqu'un que l'on admire, que l'on aime et qui nous inspire. Nous sommes obligés de suivre notre propre voie et réaliser la tâche pour laquelle nous nous sommes engagés. Audrey Hepburn s'occupait des enfants, en tant qu'ambassadeur de bonne volonté à l'Unicef. Elle était très dévouée sur le terrain (*field worker*). Ce sont ses traces que j'ai suivies. On m'avait encouragée à continuer ce qu'elle avait entrepris au moment où sa maladie ne lui a plus permis de poursuivre. Audrey était une femme délicieuse, douce et fragile, qui menait ce combat pour les enfants avec un courage unique, inoubliable. Elle souffrait sans rien dire et avait réussi à faire, à elle seule, ce que tous les autres ambassadeurs ont accompli ensemble. Pour moi, il était très difficile de poursuivre son travail, mais il fallait que je fasse de mon mieux, que je relève le défi. Les enfants sont toujours dans mon cœur et, comme toujours, il a fallu apprendre, se battre, tenir bon, donner du courage aux autres pour qu'Audrey, où qu'elle soit, soit fière de moi.

Je suis devenue une *field worker* engagée sur le terrain et messager de la paix auprès de Kofi Annan, l'ancien secrétaire général des Nations unies. Beaucoup d'artistes travaillaient dans différents pays et sur différents terrains. Certains s'occupaient des réfugiés, d'autres des prisonniers de guerre. Mon travail à moi consistait à m'occuper des enfants, des familles, des femmes, de l'éducation et des droits de l'homme. C'est Audrey Hepburn qui m'avait dit, au cours d'une soirée au profit de la lutte contre le sida à Paris, que je devrais un jour les rejoindre à l'Unicef comme Danny Kaye, sir Peter Ustinov ou Vanessa Redgrave. Je suis devenue un membre actif sur le terrain, et parfois il fallait revenir pour vérifier que le travail avait été fait. Il fallait se rendre en Afrique, au

Soudan, au Kenya, au Congo, en Côte d'Ivoire ou en Sierra Leone, en Amérique du Sud et en Asie. Je rencontrais les ministres et même parfois les présidents, souvent pour parler des enfants du pays. Grâce à mon répertoire francophone, les enfants apprenaient mes chansons ou les vielles chansons françaises à l'école. Il est risible de penser qu'ils admiraient même mon accent.

Du côté anglophone, les écoles apprenaient aussi mes chansons ou du folklore anglais que j'ai eu la chance de chanter et d'enregistrer.

En Afrique, souvent, mon rôle était multiple. Il consistait à ouvrir les pompes à eau potable. Beaucoup d'actions étaient engagées. On installait, dans des villages entiers, des toilettes mobiles pour ne pas utiliser et polluer les rivières. Notre priorité était la santé, l'école, l'éducation, aussi bien pour les enfants que pour leur famille. Nous bâtissions des maisons pour abriter les enfants de la rue, abandonnés à la cruauté des bidonvilles et des ghettos. Non seulement ils pouvaient se loger, mais on essayait aussi de les scolariser en leur faisant pratiquer un certain nombre d'activités comme l'écriture, la peinture, la sculpture, la fabrication de tissus, y compris des travaux de jardinage comme apprendre à bêcher.

Nous offrions aussi des réfrigérateurs aux hôpitaux afin qu'ils conservent les rares vaccins et médicaments périmés qu'ils récupéraient avec infiniment de mal mais qui pouvaient sauver des vies humaines.

Nous apportions aussi des livres d'enfants pour des écoles en Colombie ou au Venezuela. Du matériel et des médicaments pour les enfants atteints du sida. Sauver un nouveau-né relevait alors du miracle.

Il fallait aussi engager une campagne de sensibilisation, pour que la protection devienne un réflexe. L'alimentaire était aussi au programme. Un sac de blé pouvait nourrir une cinquantaine d'enfants par jour. Nous devions aussi faire évoluer les mentalités et les habitudes prises que, souvent, le colonialisme avait laissées en héritage. L'éducation était indispensable, prioritaire et vitale.

Il y a vingt ans aujourd'hui que je me suis officiellement engagée au service de l'humanitaire. Ma première rencontre avec l'Unicef date de 1963. Cinquante ans déjà ! J'avais enregistré une chanson sur un disque avec maintes contributions de chanteurs, nommé *All Stars Festival*. Je devais réaliser un documentaire vidéo pour les Nations unies dont le siège était à Genève. Des représentants sont venus à Athènes voir où se trouvaient les quartiers pauvres et défavorisés, apparentés à des bidonvilles, et comment les gens vivaient dans la détresse et la pauvreté. Des centaines de familles avec des enfants, tous réfugiés de la guerre. Max Cerni, du comité des Nations unies, m'avait accompagnée pour ce premier contact et c'est encore lui, trente ans plus tard, en 1993, après une demande de James Grand, qui m'a proposé de devenir ambassadeur de bonne volonté des Nations unies, de manière plus officielle à la place d'Audrey Hepburn. J'ai beaucoup appris avec Max Cerni lors de mes premières missions. Nous avions tous un contrat d'un dollar par an et un passeport diplomatique. Harry Belafonte était devenu ambassadeur avec sir Roger Moore cinq ans auparavant, ou Angelina Jolie et Michael Douglas.

Un engagement très important à mes yeux. Je m'y suis dévouée, je reste inconditionnellement fidèle à la défense des enfants et à leur protection. C'est un devoir, une responsabilité que je ressens, qui me remplit d'émotion et de fierté. Cette mission m'apporte une double satisfaction, celle d'une mère et celle d'une femme. Je me rends dans bien des pays pour pouvoir aider tous ces enfants, n'oublions pas qu'ils sont la force vive et l'avenir de l'humanité.

De l'Afrique à l'Asie, de l'Amérique du Sud à l'Amérique centrale, en Russie et dans les anciens pays de l'Est, tous ces voyages sont émouvants et parfois éprouvants. Mais surtout essentiellement satisfaisants quand on réussit notre mission : sauver des enfants, leur donner un véritable espoir mais, parfois, quelle tristesse de se sentir impuissant devant des situations qui peuvent être insoutenables. Depuis le jour où j'ai accepté cette responsabilité, je me sens plus utile que jamais. C'est un engagement universel humaniste nécessaire pour que l'égalité, la justice, la dignité soient des valeurs reconnues. C'est aussi donner de l'amour pour que chaque enfant y puise un espoir.

Mes premières missions ont été au Mexique, au Chili, au Pérou, en Colombie, au Venezuela, au Brésil et au Guatemala. Tout a commencé à Mexico. Je me suis occupée des enfants de la rue et particulièrement des jeunes filles mères à 12 et 13 ans. Nous avions pour mission délicate d'appréhender leur culture pour pouvoir leur faire comprendre la relation qui devait exister entre une mère et son enfant. Nous devions non seulement leur expliquer les devoirs d'une mère envers son enfant, mais aussi leur parler de leur avenir. En Colombie, je m'occupais des écoles alors qu'au Venezuela et au Chili j'étais en charge de mettre sur pied des programmes de soutien aux jeunes mères qui travaillaient. J'ai travaillé sur les mêmes programmes familiaux en Asie et surtout au Vietnam, à Taïwan, en Indonésie et en Inde.

Pour le cinquantième anniversaire de l'Unicef, je suis allée au Vietnam. Mon voyage a débuté par New York. Une grande réception était donnée à l'ONU. Tous les ambassadeurs de bonne volonté étaient présents. Nous devions prononcer un discours sur le travail accompli par l'organisme. On m'avait demandé de chanter sans micro et sans orchestre, j'ai entamé « Amazing grace ». Chaque ambassadeur devait présenter son homologue et c'est Roger Moore qui m'a introduite ce soir-là, et j'ai présenté Michael Douglas qui suivait.

Je suis partie directement, après la réception de l'ONU, pour le Vietnam. J'étais accompagnée de

Christa Roth, qui avait auparavant assisté aussi Audrey Hepburn dans tous ses voyages. Elle poursuivait avec moi. Elle connaissait bien le terrain et sa présence aussi bien que ses conseils m'ont été très précieux.

Invitée officiellement par l'État, c'est la vice-présidente du pays qui m'a accueillie et m'a accompagnée sur le terrain. En trois jours, j'ai dû visiter le pays pour me rendre compte des projets en construction. Écoles maternelles, écoles de formation technique, hôpitaux ou inaugurations des projets terminés, propositions de nouveaux aménagements. Il fallait en outre assister aux conférences de presse. Je devais aussi participer à la soirée spéciale pour souffler les cinquante bougies de l'ONG. Tous les ambassadeurs, l'élite des expatriés, tous ceux qui pouvaient soutenir cette soirée de bonne volonté et apporter une contribution financière au profit des enfants du Vietnam étaient présents.

Côté musique, la soirée était assurée par d'excellents musiciens et chanteurs du pays, mais on m'avait demandé d'amener Luciano, mon pianiste, au cas où je devrais chanter. Dans l'après-midi, nous sommes allés nous joindre aux répétitions des musiciens locaux, ravis de parler et de jouer pour nous. J'ai alors demandé à une chanteuse si elle pouvait m'apprendre une chanson traditionnelle. Luciano a écrit les notes et moi les paroles, phonétiquement, j'en avais pris l'habitude depuis petite, j'avais une bonne oreille.

Plus tard dans la soirée, la vice-présidente devait prononcer un discours. Étant l'invitée d'honneur, je devais également prendre la parole, après elle. Elle m'a invitée sur scène et, avant de la quitter, a demandé par micro s'il était possible de lui chanter « Plaisir d'amour » et a expliqué pour quelle raison. Dans les années 1970, elle se trouvait à Paris en négociation pour son pays, avec son gouvernement et, le soir, en rentrant fatiguée à son hôtel, elle mettait cette cassette pour écouter cette chanson, qui était un franc succès. Elle en avait gardé un grand souvenir.

Une fois mon discours terminé, Luciano se mit à jouer, j'ai commencé à chanter et, soudain, je me suis souvenue du bon vieux temps où je chantais dans les clubs d'Athènes. Je me suis assise à côté de la vice-présidente, je lui tendis le micro. Nous avons chanté ensemble, elle était très émue, elle pleurait de joie sous un tonnerre d'applaudissements. J'en ai eu des frissons, elle a pris son écharpe et délicatement l'a posée sur mes épaules. « N'attrapez pas froid, mon enfant », me dit-elle en m'embrassant. Le public en redemandait, alors j'ai annoncé que, pour remercier la vice-présidente, je lui avais préparé quelque chose de spécial. Luciano et les musiciens ont commencé à jouer cette chanson traditionnelle vietnamienne, je l'ai invitée à me rejoindre et nous avons fini sur scène en chantant devant la salle debout, sous des applaudissements aujourd'hui encore inoubliables. Heureusement que la guerre du Vietnam était terminée, les protagonistes essayaient de l'oublier, mais oublie-t-on jamais tant de drames et tant de souffrances ?

Et puis, hélas, on sait que, malheureusement, il y aura toujours quelque part une autre guerre qui fera souffrir d'autres peuples, d'autres enfants. Mais tant qu'il y aura des hommes, des valeurs fortes comme l'amour, il ne faut jamais désespérer, l'espoir existe.

L'école américaine

Le lendemain du show de Danny Kaye, nous avons pris l'avion pour San Francisco. En plein vol, le pilote nous annonça que, suite à une alerte à la bombe, nous étions obligés d'atterrir à l'aéroport de Los Angeles. L'angoisse nous a envahis, jusqu'au dernier moment. À l'arrivée, un comité d'accueil impressionnant nous attendait. Ambulances, pompiers, médecins et, finalement, c'est la police qui nous a pris en charge, ainsi que des infirmiers, et nous avons passé plusieurs heures dans leurs locaux, à répondre à des dizaines de questions.

Avions-nous reçu des menaces, avions-nous des ennemis ? Le problème crucial, en fait, dont je n'avais pas entièrement pris la mesure, était le racisme et la ségrégation raciale intolérable qui régnait dans le pays.

Les frontières étaient très fragiles, en réalité, je n'avais pas imaginé à quel point se posait le problème entre Noirs et Blancs. Pour nous venant de l'Europe, c'était un choc terrible. Heureusement, Harry Belafonte était un homme engagé contre le racisme, un non-violent, un pacifiste, ami et disciple de Martin Luter King. Le fait d'avoir invité une « Blanche » mécontentait certains autres engagés dans ce même combat, mais d'une manière beaucoup plus radicale, comme les Black Panthers.

Il avait jusque-là travaillé essentiellement avec des musiciens noirs, son style de musique l'exigeait, mais il pouvait s'accompagner aussi de guitaristes blancs.

Pour sa dernière tournée, il avait présenté Myriam Makeba, talentueuse chanteuse ethno-jazz, Sud-Africaine et militante engagée. Son disque « An evening with H. Belafonte » reçut un Grammy Award, première Sud-Africaine à obtenir cette récompense. Mandela à cette époque croupissait toujours dans les geôles sud-africaines.

Depuis le début de cette tournée, on sentait l'angoisse et la peur de l'homme de couleur devant l'homme blanc. Les musiciens m'avaient appris qu'il ne fallait jamais prononcer *boy*, qui rappelait l'esclavage, ni « noir », mais il fallait dire plutôt « homme de couleur ». D'ailleurs, ses musiciens étaient méfiants envers moi au départ. L'arrivée d'une fille blanche n'était pas bien vue.

Harry, pendant nos tournées, avait l'habitude de monter dans notre bus toujours en dernier, et inlassablement répétait la même phrase : « Bonjour !

Avez-vous lu les journaux aujourd'hui ? Eh bien, l'homme blanc est toujours au pouvoir. » Encore aujourd'hui, je m'en souviens. Je n'ai jamais oublié cette phrase.

Le jour de l'élection d'Obama, je n'ai pas résisté à lui envoyer ce simple message : « L'homme blanc n'est plus au pouvoir. »

Ce que je retiens de cette proximité avec Harry, ce grand artiste qui défend toujours avec honnêteté les droits de l'homme. Lui et ses musiciens, croyant toujours à leurs principes, m'ont toujours insufflé de la confiance avec cet amour de la musique, et notamment la mienne, la musique grecque.

Ils m'ont adoptée aussi généreusement que moi je les admirais. J'ai aussi découvert ce monde et j'ai été acceptée dans la communauté alors que ma couleur était différente. J'ai simplement appris à ne pas préciser la couleur de peau dans mon langage, tout se limitait au terme « couleur ».

Finalement, la police nous a laissés partir de San Francisco et nous sommes passés à Las Vegas pour chanter au *Caesars Palace*, avant de finir la tournée américaine à Seattle pour se diriger vers le Canada, à Vancouver précisément.

V

Il était une fois la vérité

La vérité est une des plus nobles valeurs. Elle est précieuse, invisible, et c'est une quête qui se pose depuis la nuit des temps. Les philosophes, et tout homme, cherchent à la trouver et à la reconnaître au fil de leur existence. On essaie de lui donner un visage translucide, mais la lumière éclatante qu'elle dégage devient un obstacle qui peut faire peur, alors elle disparaît pour mieux réapparaître, ailleurs, sous une autre forme, quelque part où elle sera perçue et comprise.

Quand un enfant vient au monde, il a un esprit qui se développe en fonction des influences multiples qui construisent son avenir.

Nous évoluons, vivons et respirons avec nos vérités, valeurs que nous apprenons depuis notre plus jeune âge, au moment où nous étions avides de découvertes, à chaque pas, au fil des jours ! Nous parcourons un chemin parsemé de roses et d'épines, de notes noires et blanches, un chemin dont on n'arrive jamais à bout tant que nous cherchons la vérité. Ce sont nos vérités qui nous guident à chercher une destination. En réalité, le voyage vers cette destination est bien plus important et enrichissant que cette même destination. Sur notre route, nous traversons beaucoup de carrefours, parsemés de roses et d'épines, de joies et de larmes et nous faisons aussi des rencontres qui nous aident à découvrir d'autres chemins. C'est à nous qu'il importe de choisir des notes noires ou blanches pour poursuivre notre chemin jusqu'à l'arrivée.

Ce voyage, dont on n'arrive jamais à bout, tant notre quête de la vérité est grande. Par la suite, on s'aperçoit que la vérité n'est pas universelle. Elle comporte des différences et dépend de l'esprit de justice qui se trouve dans chacun de nous.

Nikos Gatsos, dans l'une de mes premières chansons, mettait le soleil comme frontière, c'est pour lui un moyen de chercher la vérité. Cette vérité revêt des formes différentes. Parfois, elle peut disparaître pour se transformer à nouveau et apparaître ailleurs, avec l'espoir qu'un jour elle sera reconnue, rattachée aux racines, aux mentalités et à l'éducation qui nous a été donnée. La réalité est que la vérité invisible ne devient visible que si on tente de la chercher et d'apprendre à la connaître.

Toute ma vie, cette vérité, j'ai tenté de la chercher, de la comprendre, car jadis elle me faisait peur. Je ne peux oublier ces moments douloureux quand ma mère faisait grief des erreurs commises par mon père et lui, au lieu de les reconnaître, s'énervait et finissait par la frapper.

Mais, malgré tout, mes parents nous ont appris, à ma sœur et à moi que, dans la vie, pour être apprécié, il faut être honnête, dire la vérité. C'est d'ailleurs à la maison que commence l'éducation, l'école vient après. Elle nous prépare à faire face aux vérités de la vie.

Nos enfants et la famille font partie de nos valeurs, de notre héritage. Ils sont les racines de la création, de l'avenir, de l'humanité. Savoir évoluer avec morale, amour et respect envers tout être humain.

Rester soi-même est une valeur intemporelle. D'où viens-tu et quelles valeurs as-tu ? Questions essentielles. Quoi qu'on en pense, la mondialisation est hélas un fait. Il ne faut pas non plus la sanctifier, car ce n'est pas toujours un bienfait, c'est plutôt une fatalité obligatoire et elle révèle des aspects qui me dérangent, car j'ai l'impression d'être sous occupation. On a tendance à s'uniformiser, sous prétexte d'être tous égaux. On s'habille et on s'alimente de la même façon dans le monde entier, pour ne prendre qu'un exemple, sans tenir compte des spécificités de chacun, et on prône l'émergence d'un standard culturel. Pourtant, certaines saveurs n'ont pas le même goût, quand elles sont consommées dans leur pays d'origine, qu'ailleurs et inversement. Les objectifs de chacun sont biaisés. Pour l'opinion publique, être une star, c'est réussir, mais ce n'est pas être artiste pour autant. Cette perte de valeur m'interpelle au fil du temps. Malheureusement, la mondialisation relève toujours du profit maximal, car elle est à la recherche de moindres coûts de production sans faire attention aux conséquences, notamment écologiques.

Certaines valeurs restent toujours aussi authentiques. C'est sans doute le cas de nombreuses récompenses et titres honorifiques qui m'ont été décernés.

Pour moi, il ne s'agit pas de distinctions en tant que telles. C'est surtout un honneur pour moi, c'est comme une réponse à la sincérité de mon travail, au chemin que j'ai choisi. Je n'ai pas assez de mots pour remercier ceux qui me les ont attribués et ceux qui ont pris l'initiative de me les proposer. Je les respecte profondément.

La plus récente m'a été attribuée le 30 mai 2013 à Montréal. J'ai été nommée docteur *honoris causa* des Arts et Lettres à l'Université MacGill ! Deux jours avant, j'étais faite officier de l'ordre national du Québec par Pauline Marois, le Premier ministre !

En 2008, j'ai reçu la médaille d'or d'Athènes, par le maire de la capitale grecque. La même année, j'étais propulsée au grade de haut commandant de l'ordre du Mérite du Grand-duché de Luxembourg. La France n'a pas été absente des médailles. J'ai été chevalier des Arts et des Lettres en 1986, médaille de vermeil en 2003 et officier de la Légion d'honneur en 2007. Outre-Atlantique, j'ai été lauréate des ambassadeurs de bonne volonté auprès de l'Unicef en 2003 à Los Angeles, et j'ai reçu, en 1998, le prix Athenagoras Human Rights Award par le patriarche orthodoxe d'Amérique. Il y en a eu bien d'autres. Même l'Allemagne m'a remis le Berliner Bär, l'ours berlinois de la mairie de la capitale allemande.

Au-delà de la gratitude, j'ai un profond respect pour ces institutions. La République dominicaine m'a honorée du titre de haut commandant de l'ordre de Gran Cruz de Placa de Plata, en 2006, et mon pays la Grèce, quelques mois plus tard, m'a remis, par les mains du président de la République, Carolos Papoulias, le titre de haut commandant de bénévolat.

La vie est un voyage

La chanson est devenue un voyage qui m'a amenée à la découverte de la vérité, de la justice, de l'amour. Ce long voyage m'a permis aussi de connaître des pays lointains et de découvrir que la beauté peut être diverse, ce qui la rend plus intéressante, grâce à sa culture spécifique, qui peut ne pas être parfaite, mais qu'il faut néanmoins comprendre, respecter et se contenter de celle que nous avons.

Bien que je n'aime pas voyager, les voyages sont devenus indispensables. Maintes fois, je me suis dit que c'était mon dernier vol mais, dès le lendemain, le devoir et surtout l'envie de chanter me faisaient repartir. Et lorsque j'effectuais mes tournées en Europe et que j'avais un ou deux jours de relâche, je faisais attention d'être à côté d'une ville où se trouvait un aéroport pour partir à l'aube à Genève embrasser mes enfants et repartir dès le lendemain avec le premier vol. Georges, lui, restait avec son groupe. Quand je rentrais de Genève, le *road manager* m'attendait pour m'accompagner directement au théâtre pour répéter et me préparer pour le concert du soir. Les voyages sont devenus essentiels pour pouvoir exercer ma vocation de chanteuse et mes devoirs de maman. Je ne crois pas qu'il y ait au monde une femme qui ait autant voyagé que moi, même si je me compare à une hôtesse de l'air ou à un pilote d'avion. Ils ont des limites. Eux partent à la retraite, mais moi ? Quand je voyageais dans les lointains pays, je m'organisais autrement car je ne pouvais pas revenir pour un jour, je partais donc avec mes enfants et Féfé, la nurse.

Nicolas, mon fils, a fêté son premier anniversaire à Montréal, et Lénou, ma fille, à Los Angeles. Pour Nicolas, j'étais en tournée au Canada et aux États-Unis. Pour Lénou, j'enregistrais un album avec Snuff Garrett comme producteur. Féfé s'occupait de toute la logistique, elle emportait avec elle, depuis la Suisse, non seulement le lait Guigoz mais aussi les couches. En partant de Suisse, nos valises étaient pleines de produits suisses, elles étaient spectaculaires.

Une fois, en arrivant à New York, à l'hôtel *The Pierre*, j'ai cru que tout le monde nous regardait à cause de l'ampleur de nos bagages.

Mais cela avait un certain charme. Voyager en famille était un privilège qui n'a duré que sept ans. Nicolas a commencé à être scolarisé et, comme tous les enfants de son âge, il devait poursuivre sa scolarité. Quant à Lénou, elle restait à la maison avec Féfé.

La scolarité des enfants nous a fait modifier le plan de nos tournées. Nous avons donc décidé d'aller dans les pays les plus lointains pendant les vacances scolaires, et on peut dire que mes deux enfants ont visité des pays.

W

À Washington avec Michel et Harry

La capitale américaine et son théâtre faisaient toujours partie de mes tournées. Alors, en 1993, nous devions aussi débuter au théâtre Kennedy Center et avions décidé de dédier la soirée au profit des enfants de l'Unicef. Mon promoteur m'avait proposé d'être accompagnée par l'orchestre symphonique du Kennedy Center en plus de mes musiciens habituels. Pour moi, c'était exceptionnel et j'étais ravie. J'ai invité Harry Belafonte, mon ami, également ambassadeur de l'Unicef, ainsi que mon autre grand ami, Michel Legrand, pour diriger l'orchestre symphonique. Nous étions tous descendus à l'hôtel *Watergate* où j'avais l'habitude de me rendre à chaque fois que j'étais à Washington.

C'était l'année où, officiellement, quelques mois auparavant, j'ai été nommée ambassadrice de bonne volonté auprès des Nations unies, de l'Unicef. Je me souviens que, à l'époque, Ulysse Gosset, journaliste français, reporter basé à Washington, m'avait suivie pour couvrir la cérémonie d'intronisation aux Nations unies, à New York.

Le concert de Washington nous donnait l'opportunité de fêter mon nouvel album, que je venais d'enregistrer avec mes chansons de films préférées. Michel Legrand avait fait les arrangements et Harry Belafonte, mon invité, chantait deux duos avec moi, « How do you keep the music playing », de Michel Legrand, et « The beauty and the beast », chanson américaine. Alain Levy, un homme d'exception, dirigeait PolyGram à New York ; à ce moment, il avait réussi à faire rayonner la maison de disques non seulement en France, mais aussi en Angleterre et surtout aux États-Unis. Il en était devenu le grand patron.

Comme d'habitude, l'idée séduisante de produire un disque avec des chansons de films venait d'André. Nous faisions des disques en visant chaque fois un marché différent. La thématique des bandes originales de films était très intéressante pour les États-Unis mais également pour moi. J'en avais besoin pour avancer, tout en restant dans un style musical qui m'était très proche. Il connaissait l'importance que revêtaient pour moi le cinéma et l'influence de musiques de films dans mon répertoire. André a immédiatement pensé à Michel Legrand, spécialiste de ce genre de musiques et qui avait reçu plusieurs oscars pour son œuvre. Ce grand musicien était surtout un grand ami, très important dans ma vie de chanteuse. Je l'avais rencontré en même temps que Quincy Jones et j'avais beaucoup travaillé avec lui.

Michel, surtout à mes débuts en France, a été un maître et un des fondateurs de mon identité plurielle. Travailler avec Michel n'était pas seulement un privilège ou un honneur. C'était une chance unique d'entrer dans l'univers d'un musicien exceptionnel, d'un génie. Cette amitié m'a permis d'apprendre, de m'enrichir pour être à la hauteur et partager avec lui de grands moments. Être accompagnée au piano ou être dirigée par lui avec autant d'amour et de plaisir me faisait porter une lourde responsabilité : celle de ne pas le décevoir.

Au Kennedy Theater, nous avions invité mon ami Harry Belafonte, qui était lui aussi ambassadeur de bonne volonté à l'Unicef, et ce depuis cinq ans avant moi. Il n'était donc pas seulement un collègue de scène, mais aussi un frère de l'action humanitaire. J'étais entourée de deux de mes maîtres exceptionnels. J'étais heureuse, pleine d'émotion et de reconnaissance.

Le concert commença par vingt minutes d'introduction de l'orchestre symphonique dirigé par Michel. Puis, avec mon groupe de musiciens, nous sommes arrivés sur scène et avons chanté trois quarts d'heure. Michel nous a rejoints pour m'accompagner au piano en solo et, par la suite, l'orchestre est revenu sur scène. Michel a pris la direction pendant que je chantais mes nouveautés. Harry nous a rejoints pour terminer en beauté en chantant les deux duos. Après plusieurs rappels inoubliables, nous avons continué à chanter devant une salle debout qui nous applaudissait à tout rompre. Entourée par deux de mes très grands amis, Harry et Michel, je versais des larmes de joie, secouée jusqu'au fond de mon âme. Devant cette ovation, en regardant la salle depuis la scène où nos notes noires et blanches se côtoyaient, j'ai pensé que, ce soir-là, je leur rendais hommage, trente ans après notre rencontre, je les remerciais pour tout ce qu'ils m'avaient offert, avec le public comme témoin.

En réalité, la soirée avait commencé la veille. En arrivant avec André, Elke, mon manager, et Ed Kasses, notre promoteur, les musiciens, Michel et son entourage fraîchement débarqués de Paris, et Harry venu de New York avec deux de ses musiciens nous avaient rejoints.

Nous nous sommes installés au bar en attendant leur arrivée avant d'aller dîner tous ensemble. Soudain, Michel est entré. La première chose qui a attiré son attention fut le piano. Dévoré par son impatience, il essaya une touche, en écouta le son, puis s'assit sagement. Je suis allée le rejoindre et, en quelques minutes, nous étions tous rassemblés autour du piano à l'écouter chanter. Mes musiciens se sont armés d'une guitare, d'une basse et j'ai commencé à chanter avec Michel tous les morceaux que je connaissais !

Plus qu'une répétition, c'était un véritable spectacle, les gens s'installaient au bar pour nous écouter.

Ce qui m'a immédiatement rappelé mes débuts au club d'Athènes.

Notre dîner au restaurant s'est transformé en apéritif *finger food* et sandwiches apportés discrètement au bar.

En pleine effervescence, André et Elke sont venus me rappeler la longue journée qui nous attendait le lendemain, avant le concert. Il me fallait dormir pour reposer ma voix et être à 10 heures à la répétition, accompagnée de l'orchestre symphonique, devant les caméras de télévision, pour donner des images aux journaux télévisés, répondre à des entretiens, etc.

Michel s'est soumis à la même discipline, appuyé par Belafonte qui nous demandait de penser à notre première du lendemain. À juste titre, ce concert fut inoubliable, confirmé par de nombreux rappels et un public debout ne cessant d'applaudir.

J'étais si fière d'être entre Michel et Belafonte, si heureuse de les avoir invités à venir partager ce grand moment avec moi.

La réception qui a suivi notre concert était organisée par le comité d'honneur du Kennedy Center, composé par des femmes très influentes soutenant la musique, la culture et l'orchestre symphonique.

Il y avait pléthore d'ambassadeurs et de personnalités de cette capitale où, le matin, tous les fonctionnaires et diplomates se croisent et échangent leur premier bonjour pendant leur jogging, puis se saluent, plus tard dans la journée, en courant d'un bout à l'autre de la ville, entre deux rendez-vous.

X

Philoxenos philoxenia

«*Xenos*» en grec, signifie «étranger», quelqu'un qui n'est pas du pays, et xénophobie, la peur des étrangers, comme le terme «xénophobe», car «phobe», «*fovos*» en grec, signifie «peur». Aux antipodes, «*xenia*» veut dire «accueil» et «*philoxene*», «accueillant», car «*philos*» en grec signifie «ami». «*Philoxene*», c'est aimer nos visiteurs, car ils aiment savoir qu'ils sont aimés au-delà de leurs frontières, ils recherchent aussi la chaleur de l'amour, en plus de leur destination. Ils sont généreux et cherchent «*ta xena*», «le lointain» en grec. Ce qui existe à l'étranger, ailleurs, dans d'autres pays, procure un espoir à chacun. Il y a bien des années, les bateaux nous éloignaient de nos pays. En regardant les bateaux arriver, nous avions l'espoir qu'ils nous ramènent. Ce sont des paradoxes qui méritent d'être soulevés au moment où l'identité de chacun est parfois cause de ségrégation. Dans l'Antiquité, quand le « *xenos* » arrivait en ville, tout le monde l'accueillait, lui lavait les pieds, lui donnait à manger, et ce n'est qu'après ce rituel qu'on l'interrogeait sur son identité. Comme les temps ont changé ! Parfois, en regardant les informations, j'ai souvent l'impression qu'on régresse. Les images qui nous sont offertes ne sont pas synonymes de progrès. Je me souviens que lors de ma tournée américaine avec Harry Belafonte, il prenait le risque de me présenter à son public et n'hésitait pas à me faire poser à ses côtés. Une femme blanche à côté d'un homme de couleur, l'image n'était pas concevable à cette époque. J'ai adhéré à ses convictions, qui étaient aussi les miennes ; guidée par mes valeurs de liberté, d'égalité, d'amour pour la musique et pour mon partenaire. Il n'était pas question de me laisser influencer par des mentalités et des pratiques détestables. À l'époque, les Noirs ont mené un rude combat et ont réussi à faire changer les mentalités. Or, quand je vois l'Europe se laisser gangréner par la montée des extrémismes, de la criminalité et du terrorisme qui conduisent à la perte du respect et de la dignité, je me sens propulsée en arrière avec un goût amer.

Il faut donc apprendre à résister

La résistance doit s'opérer chaque jour, à tout niveau, pour être toujours libre de soi-même et respecter les autres. Il faut savoir résister à énormément de choses : à la facilité, à la mauvaise influence, à l'autorité, à la guerre, à l'agressivité. C'est en résistant que nous devenons tous responsables de notre propre vie et nous sommes responsables de ce que nous recevons. C'est pour cela que notre éducation est importante pour chacun.

Constantin Caramanlis me disait : « Quand tu chantes, tu dessines, tu peins le visage de ton pays. Fais attention. » Quelle responsabilité ! Je me sentais déjà responsable de tout, de mes enfants, de mes parents, de mes amis, des règles, des mots, alors mon pays venait s'y ajouter.

Pendant ma première tournée aux États-Unis, avec Harry Belafonte, le pays était en pleine lutte contre le racisme. Le climat était pesant, à chaque coin de rue. Bien entendu, cette tension se traduisait aussi dans le langage, il fallait résister à tout point de vue. C'est ainsi que Belafonte a un jour haussé le ton sur moi. Il pensait que j'étais embarrassée de qualifier la couleur de peau des musiciens parce que je les appelais « *paidia* ». En grec, cela signifie « enfants » et c'est un terme communément utilisé pour un groupe de garçons et même de filles. Harry ne le savait pas et, en m'entendant, il est venu m'interrompre pour me dire : « Ni noirs ni blancs, tu dis *guys* et *colored.* » C'était en fait sa manière à lui de résister aux vieilles règles d'esclavage qui étaient en train de changer. Je ne pouvais pas comprendre cette haine, car en

Europe et en Grèce, à cette époque, il n'y avait pas de différences raciales. Faire des photos côte à côte avec Harry était une fierté plus qu'une résistance. Un affront à l'époque pour les bien-pensants, mais qu'importe, j'étais fidèle à mes convictions.

Y

Le petit écran sur la grande scène

Yvonne Littlewood!

Yvonne fait partie de mes amies les plus chères. Sa présence a été fondamentale dans ma carrière de chanteuse. Elle m'a guidée dans le monde de la télévision et de la musique britanniques. Elle m'a fait connaître et a su me laisser apprendre, persévérer, évoluer sans m'influencer pour autant, en se contentant simplement de corriger mes erreurs et en m'encourageant à rester moi-même.

Nous nous sommes connues au concours de l'Eurovision en 1963. J'avais eu la chance d'y participer sous les couleurs du Luxembourg. À l'époque, le concours se passait à Londres, dans les studios de la BBC, Yvonne étant la première femme qui produisait cette émission. C'était d'ailleurs la seule fois où l'émission s'est déroulée en studio et pas en public.

Pour elle, le plus important était d'aimer, d'admirer quelqu'un pour ses valeurs, son talent, et de le respecter, de protéger son origine et son identité. C'est grâce à Yvonne que j'ai appris à m'adresser à une caméra. Elle me demandait d'abord de lui expliquer la signification de mes chansons dont les paroles n'étaient pas en anglais. Celles dont les paroles étaient en grec, puis en français, en espagnol ou en italien. Elle aimait beaucoup la musique et avait travaillé avec Frank Sinatra, Nat King Cole, Tony Bennett mais aussi Duke Ellington, Louis Armstrong, Ella Fitzgerald, Vera Lynn, Marlene Dietrich et même Judy Garland.

Il faut dire que j'étais, avec Esther Ofarim, l'une des rares chanteuses méditerranéennes qui chantaient en anglais et qui appréciaient cette langue. Pour Yvonne, les autres langues étaient exotiques. Par la suite, nous avions découvert que, pour les téléspectateurs aussi, entendre d'autres langues les faisait rêver.

Elle avait déjà travaillé avec Sacha Distel, qui aimait l'anglais autant que moi. Pendant dix ans, j'ai eu mon propre show à la télévision britannique sur BBC2 et j'ai eu l'opportunité de recevoir plusieurs grands chanteurs internationaux comme Amalia Rodrigues, Charles Aznavour, Michel Legrand, Val Doonican, Tom Paxton, Olivia Newton-John, Petula Clark, George Chakiris ou Johnny Mathis.

Z

Mon zénith, du début à la fin

Plus qu'un chiffre, c'est un début. Tout commence à zéro : la vie, par exemple. Au début de sa vie, il faut apprendre à marcher, à manger, à lire, à courir, à crier, à écouter, à voir, à travailler, à chanter, à danser... Quant à moi, en tant que chanteuse, j'ai plusieurs fois recommencé à zéro.

D'abord en Grèce, puis en France, en Allemagne, en Espagne, au Canada, en Angleterre ou aux États-Unis. Sept cultures différentes avec autant de diversités, de richesses, de valeurs et d'émotions. En cinquante ans, j'ai voyagé, visité et connu les cinq continents et j'ai ainsi découvert que l'amour existait partout ! Mais, hélas, je sais aussi que, tant que le monde sera monde, il y aura toujours une guerre quelque part. J'ai aussi compris que rien n'était gratuit et qu'il fallait travailler dur pour exister.

Il y a des hommes partout qui peuvent vous écouter et vous apprécier, mais il faut aussi apprendre à les écouter. Cela peut paraître naïf, mais je suis restée sincère, d'abord envers moi-même et envers mon identité. J'ai écouté avec respect et respecté également ce que l'on m'a donné, et j'ai compris pourquoi on m'a tendu la main.

La décision de recommencer tout dans sa vie peut être très utile. Cela nous permet d'avancer car le surplace n'existe pas. Il n'y a pas de stagnation dans le progrès, c'est un fait. Si quelqu'un veut arriver au zénith, il doit être capable de se retirer pour recommencer, prendre de la distance un moment ou partir vers d'autres destinations.

De la même manière, après une guerre ou une catastrophe, nous sommes contraints à repartir de zéro, si espoir il y a.

C'est justement de cet espoir que nos vies ont besoin aujourd'hui pour retrouver l'équilibre, l'amour envers son prochain, et pour avoir de l'optimisme si l'on veut vivre dans un avenir meilleur.

Nous ne pouvons construire sur des ruines. Il faut d'abord nettoyer le sol pour pouvoir réparer à neuf. Le monde évolue, il ne change pas. Par comparaison, quand une vieille maison a besoin d'être rénovée, on commence par refaire ses fondations, indispensables pour la soutenir. Il faut, certes, des matériaux modernes pour la faire revivre, c'est essentiel, sans pour cela enfouir son âme, son cœur, son humanité.

Je crois que mon zénith à moi était l'année 1984 et le concert que j'ai donné au théâtre d'Hérode Atticus, au pied de l'Acropole à Athènes. Je n'y ai chanté à nouveau que vingt-quatre ans plus tard, remplie de nouvelles expériences, mais avec une sensation différente.

Quand on arrive très loin ou au sommet dans une carrière, à un point que l'on n'aurait jamais pensé atteindre, il y a deux solutions : 1) se laisser aller, se retirer et disparaître ! ou 2) recommencer à zéro ! Faire comme si on avait tout perdu !

Tout apprendre ou réapprendre différemment. J'ai toujours vécu ce recommencement, depuis mon plus jeune âge, mais aussi plusieurs fois dans ma vie d'artiste.

J'ai surtout compris que tant que l'on vivait, que l'on respirait et que l'on avait la santé, nous pouvions toujours apprendre que l'amour et l'espoir existent.

Cette force de tout recommencer, je la puise aussi dans ma ville, Athènes, et dans ce théâtre d'Hérode Atticus. Être au pied de l'Acropole me fait penser à l'agora antique, celle de Périclès qui voulait honorer Athéna en faisant construire le rocher sacré. Il a confié l'œuvre au sculpteur Phidias, et des siècles se sont écoulés avant de voir le Parthénon dominer Athènes. Si ce temple de deux mille cinq cents ans a su traverser les guerres, les occupations, les catastrophes climatiques et les milliards de touristes, comment ne pas croire qu'il est possible aussi pour nous, êtres humains, de savoir recommencer à zéro à tout moment en étant fiers ?

Remerciements

À Alexia Kefalas.

Chère Alexia, merci d'avoir été si précieusement à mes côtés pour rédiger ce petit voyage de chanteuse où l'harmonie, l'amour et l'amitié se rencontrent entre mes notes noires et blanches !

Ton amie,
Nana (Mouskouri)

Table

et aussi
au cherche **midi**

ABD AL MALIK

La guerre des banlieues n'aura pas lieu

Le Dernier Français

PIERRE ARDITI

Les Répliques les plus drôles du théâtre

PATRICK POIVRE D'ARVOR

Rapaces

STÉPHANE AUDRAN

Une autre façon de vivre

GUY BÉART

Le Grand Chambardement

GUY BEDOS

Sarko & Co

Pointes, piques et répliques

Arrêtez le monde, je veux descendre !

ANTHONY BERROT

Piaf, de la môme à Édith

PHILIPPE BOUVARD

Auto-psy d'un bon vivant

Des pensées sans compter

GEORGES BRASSENS

Brassens

JEAN-CLAUDE BRIALY

Les Répliques les plus drôles des acteurs

Les Répliques les plus drôles du cinéma

FRANCIS CABREL

C'est écrit

CLÉMENTINE CÉLARIÉ

Les Amoureuses

COLUCHE

Ça roule, ma poule

Coluche par Coluche

Pensées et anecdotes

Et vous trouvez ça drôle ?

Elle est courte mais elle est bonne

L'Intégrale des sketches

Le Best-Of Coluche

Le Pavé

NICOLE CROISILLE

Je n'ai pas vu le temps passer

VÉRONIQUE DABADIE

Conversations avec Jean-Loup

GÉRARD DARMON

Le Plus Drôle de l'humour américain

HUNTER DAVIS

Les Beatles

PATRICK DE FUNÈS

Médecin malgré moi

RÉGINE DEFORGES

Poèmes de femmes

RAYMOND DEVOS

Les Sketches inédits

Rêvons de mots

Les 40es délirants

Sans titre de noblesse

Une chenille nommée Vanessa

GILLES DURIEUX

Belmondo

JACQUES DUTRONC

Pensées et répliques

LENNY ESCUDERO

Ma vie n'a pas commencé

SERGE GAINSBOURG

Pensées, provocs et autres volutes

MICHEL GALABRU

Pensées, répliques et anecdotes

ANNIE GIRARDOT

Partir, revenir

FRANCIS HUSTER

Et Dior créa la femme

OLIVIER DE KERSAUSON

Ocean's Songs

La Bretagne vue de la mer

VICTOR LANOUX

Laisser flotter les rubans

BOBY LAPOINTE

C'est bon pour c'que t'as

PHILIPPE LELLOUCHE

J'en ai marre d'être juif, j'ai envie d'arrêter

LAURENT MALET

En attendant la suite

JACQUES MARTIN

Pensées, répliques et anecdotes

MADO MAURIN

Patrick Dewaere, mon fils, la vérité

MACHA MÉRIL et CHRISTIAN MONCELET

L'Esprit au féminin

JEAN-PIERRE MOCKY

Pensées, répliques et anecdotes

FLORENCE MONCORGÉ-GABIN

Quitte à avoir un père, autant qu'il s'appelle Gabin

MARTIN MONESTIER

La Callas

GEORGES MOUSTAKI

Éphémère éternité

YANNICK NOAH

Noah par Noah

CLAUDE NOUGARO

Carnets d'un motsicien

PIERRE PERRET

A cappella

La Cuisine de ma femme

Le Café du Pont

Le Perret Gourmand

Les Pensées

JACQUES PRÉVERT

L'Avènement d'Hitler

DANIEL PRÉVOST

Lettres d'adieu

Éloge du moi

Les Pensées

Madame B., ma seconde mère

Un couple de notre temps

DOMINIQUE ROCHETEAU

On m'appelait l'ange vert

HENRI SALVADOR

La Joie de vivre

CHARLES TRENET

Y a d'la joie

JEAN-LOUIS TRINTIGNANT et ANDRÉ ASSÉO

Du côté d'Uzès

CHARLOTTE VALANDREY

L'Amour dans le sang

De cœur inconnu

N'oublie pas de m'aimer

JACQUES WEBER

Des petits coins de paradis

MIXTE
Papier issu de sources responsables
FSC® C003309

Les papiers utilisés dans cet ouvrage
sont issus de forêts responsablement gérées.

Mis en pages par Soft Office - Eybens (38)
Imprimé en France par CPI Brodard et Taupin
Dépôt légal : septembre 2013
N° d'édition : 3098 - N° d'impression : 3002081
ISBN : 978-2-7491-3098-9